平凡社新書
905

沖縄の聖地 御嶽《うたき》

神社の起源を問う

岡谷公二
OKAYA KŌJI

HEIBONSHA

沖縄の聖地 御嶽《うたき》●目次

第一章　御嶽とは

御嶽のありよう

御嶽《うたき》とは、沖縄の最北部、本島の国頭村から、南端の八重山群島波照間島まで、どこへ行っても村に必ず一つはある、本土の神社に比すべき聖地である。御嶽にあるのは、アコウ、ヤラブ、クバなど南方系の木々が生い茂る森だけで、社殿に類するものは一般には何もない。小さなコンクリートや土の祠が置かれていることもあるが、それすらないところが多い。

御嶽の森にはきびしいタブーがあり、その木を伐ることはもちろん、枝一本とり去ることすら許されないため、木々は枝を密にさしかわし、黒ずみ、盛りあがるように茂っていて、遠くからでも一目で御嶽の森だということが分かる。それは、長い年月をかけて作り出されてきた村の紋章だ。

御嶽は、珊瑚礁石灰岩を積んだ石垣でかこまれていることが多いが、その石垣にアーチ門を設けているところもある。鳥居は、かつてはなかったようだが、最近設けている御嶽がふえてきた。賽銭箱、狛犬の類は、少なくとも私は、御嶽では目に

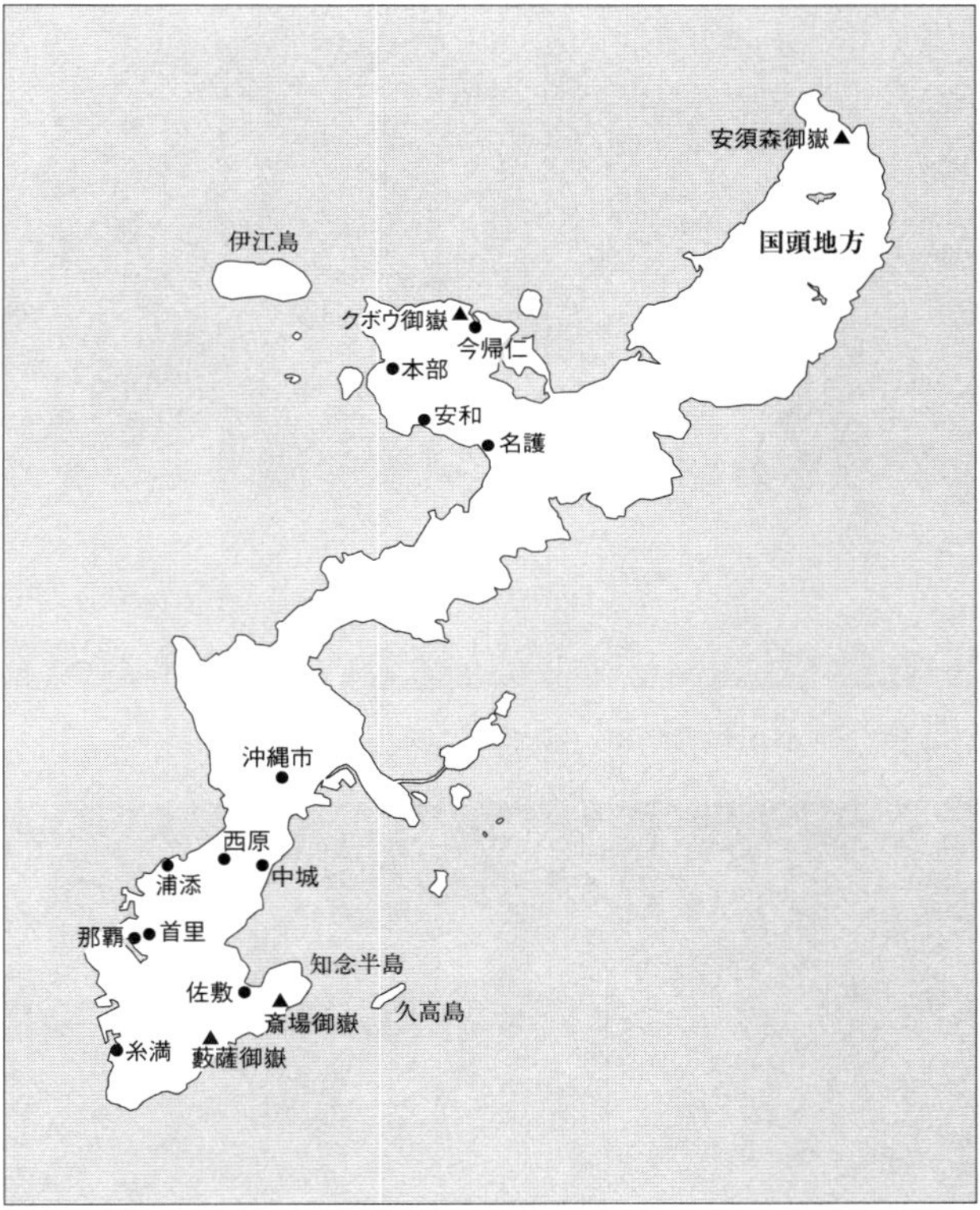
安須森御嶽
国頭地方
伊江島
クボウ御嶽
今帰仁
本部
安和
名護
沖縄市
西原
中城
浦添
那覇
首里
知念半島
佐敷
斎場御嶽
久高島
糸満
藪薩御嶽

沖縄

汀間御嶽（名護市）

石垣にアーチ門が設けられた多原御嶽（石垣島）

ヤゲン御嶽（粟国島）

香炉が置かれた漲水御嶽（宮古島）

したことがない。

御嶽の奥の、少しひっこんだところには、イベ（イビ）と呼ばれている場所があり、仕切りがされていることもあり、香炉が置かれ、中にはクバ（檳榔樹）などの神木がそびえていたり、巨岩があったりする。威部という字をあて、いわば至聖所で、ここには神女以外立ち入ることは許されない。

御嶽は、古神道のありようを伝えているとはよく言われることで、それについては後に少し詳しく論ずるつもりだが、少なくとも現在において、神社と御嶽が截然と異なる二つの違いは、社殿の有無のほか、祭祀をとり仕切るのが、神社ではほとんど男性の神主であるのに対し、沖縄ではどこへいっても、本島ではノロ、宮古・八重山では司《つかさ》と呼ばれる神女であることだ。

琉球王朝時代、ノロは聞得大君《きこえのおおきみ》を頂点とする祭祀組織に組み込まれ、王府から任命を受け、ノロクモイ地という役地を給付される存在であった。ノロは、村の旧家の未婚の女性が任命されるのが一般的で、世襲であり、伯（叔）母から姪へと受け継がれるのが普通だが、娘、妹、孫などが受け継ぐこともあった。

聞得大君は国王の姉妹、後には王妃がその地位につき、その位は高く、時には国王を凌ぐほどであり、神の意志を体現する存在として、政治に容喙《ようかい》することさえあった。そのため、尚質王の二十年（一六六七）向象賢の進言によって聞得大君の権力は阻まれ、その地位は王妃の下に格下げされた。

明治に至り、琉球王国が廃止されて沖縄県が設置されるや、聞得大君を頂点とする祭祀組織はもちろん廃止されたが、ノロはノロクモイ地その他の特権を失ったものの、その存続は認められた。「大和世になって次々と行われていく諸改革に対して、沖縄県民が抱く不安を除去するためには、宗教的・社会的規範の維持者として村落共同体の中において抜くべからざる影響力を有するノロを一挙に廃止することは不可能であった」（宮城栄昌『沖縄のノロの研究』一九七九）からである。

私は、しばらく前の夏、ノロをたずねて沖縄本島中部の村々を歩いたことがあったが、今東京へ行っているとか、病気で寝ているというノロの話はきいたけれども、ノロその人にはついに会うことができなかった。ノロは、沖縄では、御嶽に対する信仰心の低下と相まって、今や余喘《よぜん》を保つ存在となっている。

土地との結びつき

ウタキ、オタキという言葉は、村人たちの会話にはあまり出てこない。それは、いくらかよそよそしい語感を持つ、公式の、教科書的な言葉らしい。実際仲松弥秀は、『沖縄大百科事典』の中で、聖地の総称として御嶽という語を与えたのは首里王府であろう、と書いている。

ウタキは、一般にはウガンジョ（拝み所）、ウガン、拝所と言い、宮古島ではムトゥ、八重山ではオン、ワン、ワーなどとも称する。

御嶽とは山岳のことであり、実際山上、丘の上、高所に位置する御嶽が多い。史書『中山世鑑』（一六五〇）によると、琉球の開闢神アマミキョが天から地上におりて、島を、続いて七つの御嶽を作ったというが、その第一の「辺土《へと》ノ安須森」などはその典型である。沖縄の最北端国頭村辺戸にあり、そびえ立つ裸岩の峰に位置していて、いかにも御嶽の名にふさわしい。アマミキョが二番目に作ったという「今鬼神《ナキジン》〔今帰仁〕ノ、カナヒヤブ」も今帰仁城《ぐすく》の山の上にあり、その近くのクバン（クボウ）御嶽も鎖にすがって登らなければならないほど険しい山の頂きに拝所がある。

沖縄、とりわけ本島の古い村は、南面する丘や小山の斜面に立地するものが多く、高みには祖神を祀る御嶽が鎮座し、それに接して、村の一番上部には大宗家が、続いて次位の宗家という風に裾まで家が立ち並んでいる。このような村のありようを、仲松弥秀は祖神が村の家々を「おそい」（守護する意）し、家々は祖神に「くさて」（腰当。子供が母親の膝に抱かれる状態）されて暮らす有様をあらわしていると言う。それゆえ御嶽の森は、くさての森と言われるのである（『神と村』）。

ただ宮古島や黒島のような平坦な島では、このような村立てはできない。こうした島々では、海浜に御嶽のあることも多く、そうした御嶽にはニライ・カナイ系の神が祀られることもある。

御嶽に祀られる神が、祖神であることについては、大方の意見が一致している。ただそれが、実在した人物を神化する場合と、もっと抽象化した祖霊である場合とに分かれる。たとえば、仲松弥秀は、「御嶽の神は、村、或は村の中の一集団の祖先神」で、「御嶽の神と村人とは血のつながる親子関係」(『神と村』)だと言う。後に触れるように、仲松は、御嶽のもとは墓だという説であり、そこからこのような説が生れるのは当然であろう。

もちろん祖霊と考えられる御嶽も多い。御嶽の祭神は、土地によって、時には時代によって変化するので、一律には論じられない。

『琉球国由来記』と呼ぶ書物がある。一七一三年、王命によって編纂された琉球全土の地誌で、村々の御嶽のすべてが録されているので、伊波普猷は「琉球の延喜式と呼ぶべきもの」と書いている(『琉球史料叢書』第二巻解説)。御嶽については、その所在地、嶽名、神名、時には由来或いは祭祀について記している。二、三例をあげるならば

安次嶺之嶽 (真和志間切) 上間村

神名 カネノ森カネノ御イベ

右安次嶺嶽、毎年、三八月、四度御物参之有㆓祈願㆒也。且、旱魃之時、雨乞有㆓

祈願㆒也

垣花之嶽　（玉城間切）玉城村

神名　アフイハナテルツカサノ御イベ

右、垣花巫祟所。

浜崎ノ嶽　（中城間切）屋宜村

神名　ヨヤゲマキウアミサデツカサノ御イベ

これらの神名からその神格を想定するのはむずかしい。そうしたところから、神名とは神の名前ではなく、御嶽の聖名だとする鳥越憲三郎のような人も出てくるのである（『琉球古代社会の研究』）。

御嶽の神は、御嶽ごとに違い、同じ神名はめったになく、神社にあって素戔嗚尊が日本全国至るところで祀られている如き、同じ神が複数の御嶽に祀られている例はめったにない。これは、それぞれの神が、その土地固有の、土地と深く結びついた神であることの証左でもあろう。

聖性としての「何もなさ」

私がはじめて沖縄へ旅したのは、沖縄がまだアメリカの軍政下にあった昭和三十六年（一九六一）の夏である。そしてその時見た波照間島などの御嶽の魅力のとりことなり、以来毎年のように沖縄へ渡り、ひたすら御嶽だけを訪ねて歩いた。だから私は、性懲りもなく半世紀余にわたって御嶽めぐりをしてきたことになる。伊是名島、伊平屋島、座間味島、粟国島、阿嘉島、多良間島、黒島、鳩間島などあまり人のゆかない小さな島々にも渡ってみた。どこにも御嶽はあり、そして驚いたことに、どこへいってもそのありように変わりはなかった。深く密生して茂る森、その中の社殿のない空間、自然石を二つ三つ積んであるだけの、或いはシャコ貝の大きな貝殻を置いてあるだけの祭壇……。

もちろん土地によって若干の変化はある。たとえば本島北部の村の御嶽では、

神アシャギ（国頭村安田）

折々神アシャギ（神アサギ、神アシアゲ）という、小さな寄棟の茅葺きで、壁も戸も床もなく、軒が低く、身をかがめなければ入ることのできない小さな建物を見かけることがある。これは、ノロたちが集って祭祀を行う祭祀場なのだ。殿《トウン》という建物も、同じような性質の建物乃至場所である。ただしこれは、御嶽の中にあるとは限らず、村の草分けの家（根屋《ニーヤ》）の中に置かれることもある。

ともかく御嶽の変わらなさ、何もなさに或る感銘をおぼえる。それは、一部の識者が言うような宗教的観念の未発達とか、旧套墨守や経済上の不如意のせいなどではさらさらない。むしろ或る強い宗教的意志のあらわれとさえ言えるのである。

久高島は、かつて国王が聞得大君を伴い、隔年に一度、二月に行幸したという場所である。島のコバウの御嶽は、ニライ・カナイから五穀の種子の入った壺が流れ着いたとされる聖地で、『琉球国由来記』によると、島に住んだ最初の男が或る日浜で漁猟をしている時、白い壺が波間に漂っているのを見た。手をのばしてとろうとするが、とることができない。しかし壺は遠くへは去らない。そんなことが二、三度続いたので、男は家へ帰って妻に相談すると、

「女房答曰、行水シテ潔レ身、着二白衣一、往テ可レ取ト云。故、行水シテ、着二白衣一浜へ出、流壺本ニ立寄、袖ヲ攤、スクワントスレバ、波ニヨラレ、輙ク袖ニ乗ル。

ヨルコビテ取アゲ、我家ニ帰リ、壺ノ口ヲ開キ見レバ、麦・粟・黍・扁豆之種子、且、コバ・アザカシキヨノ種子アリ。取出シ、所々へ蒔ケル。〔……〕コバ高ク秀デ、アザカシキヨ茂リケル也。其比、君真物出現、〔……〕御嶽ヲ崇始ト也」

この一文は、コバウ御嶽の成り立ちだけでなく、御嶽そのものの成り立ちをも語っている。檳榔（クバ）その他の木々が生い茂って森をなすとき、そこには君真物――神――が現われ、託遊するのである。御嶽の森には神が訪れるものだという信仰は、多分沖縄のほとんどすべての人々の共有するものであったと思われる。それ故御嶽の木を伐ることにはきびしいタブーがあったのであり、ましてやその森を伐りひらいて社殿を設けるなどは、神意に反する、許し難い行為であったであろう。

このような沖縄の人々の信仰上の意志の根強さは、明治以降、日本政府が御嶽を神社に改編しようとした圧力に遂に屈しなかったことにもよくあらわれている。このような改編の動きは二度あった。一度は明治四十二年（一九〇九）ごろで、「管下各郡下ニアル拝所ハ〔……〕将来内地ニ於ケル神社ニ引直シ度候」――これはその年、時の沖縄県知事日比重明が内務大臣にあてて書いた上申書の一節である。しかしこの計画はさまざまな抵抗にあって頓挫せざるを得なかった。もう一度は、太平洋戦争が始まると同時にその計画が息をふき返した時だ。県が昭和十八年（一九四三）一月に神祇院に提出した「沖縄県神社創立計画書」によると、その計画は、一、各字の御嶽を一ヶ所に合祀して村に一つの村社を建てること、二、最小の社殿を設けること、三、旧御嶽はそのまま保存すること、四、天照大神を主神とし、『琉球国由来記』に記されている神名を配祀すること、各村から一人の神職希望者を募り、ノロは雇員とすること、というものであった。しかしこの計画も遅々として進まず、終戦に至って放棄され、瓦解した。

成立過程

御嶽がいつごろ、どのようにして成り立ったのかは、いまだに納得のゆく解答の出ていない問題である。この問題を解決したいというのが著者の願いなのだが、大方の納得の得られる解答を出せるかどうかは分からない。この章の最後に、御嶽は墓からはじまったという仲松弥秀の説を紹介しておく。

仲松は、沖縄全土をくまなく調査し、御嶽からしばしば人骨が発見されること、墓石があることなどを証拠として、この説を主張している。氏のあげる例をいくつか引用してみる。

「名護町のナン城の御嶽は〔……〕祭祀場の奥の林中に墓としか思われないものがある。

〔……〕

古宇利島の御嶽の奥には人骨が二体あり、その処で神女達が祭事をするとのこと。

〔……〕

佐敷村佐敷の御嶽も〔……〕人骨があるのを見た。

平安座島の御嶽にも人骨があったとのことを島の出身者から聞いた」（『古層の村』）

このような例は、『琉球国由来記』にも見出すことができる。二例ほど引用しておく。

「トモリ嶽（浦添間切）

神名　大和ヤシロ船頭殿ガナシ

此嶽ノ神ハ、大和人ノ骨、埋タル処ト、申伝也。其由緒不レ詳。当時奇特有トテ、村中亦ハ旅行ノ者、致ニ崇敬一也。

〔……〕

古重嶽（浦添間切）

神名　羽地コイチコイチヨウガナシ

此嶽ノ神ハ、羽地巫ノ骨也。彼巫那覇へ往キ、帰帆ノ時、大風逢ヒ、船破損致シ、溺死ス。死骸寄揚リタルヲ、埋テ崇敬シタルトナリ」

死穢を忌み嫌う現代の神社からは想像できないが、式内社と言われる古社の社域からしばしば古墳——言うまでもなく墓だ——が発見されるため、古代、神社はもと墓であったと考えられるところからしても、仲松の推測は当たっているように思われる。

第二章　御嶽遍歴

私は、半世紀余にわたって御嶽めぐりをしてきたと書いたけれども、そのきっかけとなったのは、昭和三十六年、はじめての沖縄行で見た、最南端の島波照間島の御嶽であった。

この経験については、『原始の神社をもとめて』（平凡社新書）その他で書いているのだが、私の御嶽理解の核をなすものなので、未読の方々のため、ここで繰り返すのを許していただきたい。

昭和三十六年、沖縄はアメリカ軍政下にあって、渡航にはパスポートを必要とし、しかも観光目的は許されず、沖縄に所用がなければならず、現地にそれを証明する身元引受人がいなければならなかった。当時私には沖縄にただ一人の知人もいなかったが、伝手を頼って、当時琉球大学の助手であった故永野善治さん（後の沖縄大学学長）に身元引受人になってもらうことができた。そんな手数をかけてまで沖縄にゆかねばならない目的など、私にはなかった。第一私は、沖縄について無知にひとしかった。ただポール・ゴーギャンの作品と生き方に傾倒していて、タヒチにゆけないまでもせめて日本の南端までゆきたいというささか子供っぽい思いにつき動かされていただけだった。

1　波照間島の御嶽

飛行機が使えず、新幹線もなかった時代で、その時の日記を見ると、七月十四日午後一時発の急行で東京駅を発ち翌日夕刻鹿児島駅着、港の近くの安宿で一晩船待ちしたあと乗船、ほぼ丸一昼夜かけてやっと那覇の泊港に着いた。船待ちの一日を除いても東京から那覇まで二日を要し、羽田から那覇空港までわずか三時間の現在とは隔世の感がある。私は首里にしばらく滞在したあと、金十丸という老朽船に乗り、さらに一昼夜かけて石垣島へ行った。途中海が荒れ、船酔いが続出、女子供は、うなり声をあげながら、或いは嘔吐しながら、船室のござの上をころげまわった。

私は石垣島で数日すごしてから目的地の波照間島へ渡った。といって、当時定期船はなく、毎朝港へいって島へゆく船があるかどうかを探した揚句、やっと波照間へゆくという、小さな漁船と変わらぬポンポン船を見つけたのだった。今では高速船で約一時間だが、当時は七時間近くかかった。

そのころ波照間島には電気も水道もなく、旅館はもちろん、民宿すらなかった。私は、永野さんの教え子玉城功一さんのお宅に御厄介になった。

或る日、石垣市の高校に通っていて、夏休みで帰省していた功一さんの弟さんが私を島の案内に連れ出してくれた。

波照間島は、周囲ほぼ十五キロの楕円形の島で、北側が低く、こちら側に舟着場や湧水があり、南側は高く、海岸線は絶壁をなしている。山はなく、砂糖黍畑や、蘇鉄、竜舌蘭の生い茂った原野がどこまでも続いていた。鳥がやたらに多く、ほかに物音がなく、大気が澄んでいるせいか、その鳴き声がたえず耳についた。

やがて左手に、小さな島にしては異様に大きい、木々が黒ずむほどに茂った森が現われた。尋常の森ではなかったので、訊ねると、御嶽だという。そして危険なものに出会ったかのように、弟さんはその反対の方向へ私を引っぱっていった。

翌日の午後、私は好奇心からその御嶽にまた行ってみた。しかし大きな森のまわりをまわってみても、どこにも入口らしき場所はなかった。私は仕方なく、ヤラブ、アコウ、クバなど、外来者の侵入を妨げようとするかのように濃密に枝をさしかわし合っている木々をかきわけ、厚く積もった落葉を踏んで森の中へ入ってみた。

どこまでもゆく手を阻もうとする、木々の腕の執拗な妨げからやっと解放された時、私は、白砂を敷いた広い空間が現われるのを見た。中央には泉が湧いていて、水は一筋の小川となって海の方へと流れていた。森にさえぎられて海は見えなかったが、その方向の枝葉が明るみ、たえず海風にそよいでいて、その向うに海がひろがっているのを否応なく感じさせた。

そこは御嶽の中心であり、祭祀の行われる聖なる場所であろうに、社殿や祠はおろか、祭壇や香炉すらなかった。この何もないことから来る清浄感、神秘感は比類がなく、私がこれまで寺や神社でかつて感じたことのないものだった。このような聖地を日本人が持ち得ていることに私は深く感動した。

東京へ帰ってから調べたところによると、波照間島には多くの御嶽があるが、ピィテーヌワー（野原の御嶽）と呼ばれる三つの御嶽が最も格が高く、村々の御嶽はほとんどすべて、この三つの御嶽へのお通し（遥拝所）と考えられている。この三つの御嶽について宮良高弘著『波照間島民俗誌』（一九七二）は次のように記している。

「これらの御嶽は〔……〕人里から遠く離れたところにあり、森林に深くおおわれている。そして森林全体が聖地だと考えられ、鳥居、拝殿、香炉などもなく、祭祀に際して、司は線香を使用せず、生のニンニク、塩、神酒（白酒）を供え、最も神高い御嶽とされ、特定の祭祀以外は、司を除く部落民の入域は全く禁ぜられている」

この記述は、私の経験と一致する。私が入り込んだのがピィテーヌワーの一つ――多分真徳利御嶽――であったのは間違いない。こうして私は、知らずして入域の禁を犯してしまったのである。

波照間島のこの経験をきっかけにして、私はいわば御嶽狂いとなり、毎年のように沖縄通いをするようになったのである。

2　西表島の三離嶽《みちゃりおん》

西表島は、石垣島から二十八キロの沖にその大きな島影を浮かべている島だ。周囲百三十キロ、八重山群島では最大、沖縄全体では、本島についで大きな島である。全島ほとんどが、原生林におおわれた四百メートル前後の山々から成り、平地は少なく、仲間川、浦内川など、岸から急に深くなる、水は茶色く濁り、マングローブに縁どられた小アマゾンといった川がいくつも流れている。最近大分開発が進んできたけれども、東海岸と西海岸は山地のために隔絶しており、いまだに往来はままならない。

私は、最初の沖縄旅行の時、波照間島へゆく数日前、西北岸の中心地祖納《そない》まで石垣港からポンポン船で渡った。祖納に港はなく、ポンポン船は沖にとまり、積んできた刳《く》り舟をおろし、浜の近くまでゆき、そのあと全員が靴を脱ぎ、はだしになって百メートルほど浅瀬を歩いたものだった。

当時西表には、波照間同様、電気も水道もガスもなかった。祖納には、中年の婦人が一人で切り盛りしている、部屋の三つしかない、夕食のおかずは海に釣りにゆく息子さんの釣果次第という宿が一軒あるきりだった。

夕食後、所在が無いので、村の通りを歩いてみた。宿の向いに店先にランプを点した雑貨屋らしき家が一軒あるきりで、ほかに店屋はなかった。空の明かりで家々のたたずまいは分かったが、一歩森陰に入ると、闇は得体の知れない魔物たちのように私をとりかこんだ。そうかと思うと、或るところではランプの光がしみのように福木の枝葉を染め、その奥から蛇皮線の音がきこえてきたりした。

翌日は、船の中で一緒になった本島の中学の先生方と、浦内川を溯ったところにある稲葉の滝を見に行った。

一歩村から出はずれると、そこはまさにジャングルだった。それでも浦内川沿いには何軒かの民家があり、庭には青いバナナが自生し、子供たちが、川でとってきたらしいバケツ一杯の魚を料理していた。

稲葉の滝は思いのほか大きく、滝壺は湖のようだった。

私が西表へ二度目に行ったのは、それからほぼ十年後、日本復帰直前のことだった。私は、今度は東海岸をめざした。知人から南部の大原の営林署に勤める人を紹介されていたので、石垣港から大原港へ渡り、そこから営林署の車に乗せてもらって、北の大富、古見、高那をめざした。三月半ばで、畑には一面に菜の花が咲き、鮮やかな海の色と映り合って、南国の春は明るかった。

私の主たる目的は、三離嶽のある古見だった。

古見は、かつて西表島が古見島と呼ばれていたことからも、八重全域で行われている、豊作をもたらすと信じられている仮面仮装の来訪神アカマタ・クロマタの祭の発生地であったことからも分かるように、西表で最も古い村であり、且つ八重山群島の一中心地であった。しかしマラリヤの猖獗《しょうけつ》のため明治のころには廃村一歩手前まで追い込まれ、現在昔の面影はない。

私が古見や三離嶽のことを知ったのは、柳田国男の著作その他を通じてである。

彼の『海上の道』の中の「根の国の話」には、「古見の島の盛衰」という一章があり、その中には「〔……〕古見がかつて一たびは南島文化の一中心であって、しかも近世に入ってから他に類例も無いほどの激しい盛衰を経て居るといふことだけは、弘く世上に向って是非とも説き立てゝ置かねばならぬ」と記されているのである。

また『八重山島諸記帳』の中には、柳田国男も引用しているアカマタ・クロマタの起源を示す次のような一文がある。

「上代古見島三離嶽に猛猊之御神身に草木の葉をまとい頭に稲穂を頂出現立時は豊年にして出現なき時は凶年なれば所中之人世持神と名付崇来候終に此神曽て出現なくして凶年相続候得ば豊年之願として人に彼形に似せ供物を備へ古見三村より小舟壹挺づゝ賑かに仕出しあらそはせ、祭之規式と勤め候、利主相見豊年なれば弥ゝ其瑞気をしたひて無懈怠祭り来候」

この習俗は、島民の移住にともない、古見から小浜島へ、さらに石垣島の宮良、新城島へと伝わった。現在でも行われているこの祭には、二つの大きな特色がある。一つは、沖縄の祭の多くが女性を中心に行われているのに対し、男性だけが祭を行うことであり、もう一つは、秘密結社性がきわめて強いことである。

アカマタ・クロマタの結社に入社するにはきびしい条件があり、その条件を満たして入社すると入社式があり、それ以後アカマタ・クロマタについて知り得たことは一切部外者に漏らしてはならない。それゆえ「八重山群島におけるいわゆる秘密結社について」（宮良高弘）という文章が発表されてはいるものの、アカマタ・クロマタについてはいまだに分からぬ点が多い。

この祭は、元来は外部の人間が見ることは許されなかったので、今なおそのような禁忌を守っているところもある。私は、最初の沖縄旅行の際、宮良でこの祭を見たが、その前年には、本土から来た学生がフラッシュを焚いて撮影しようとしたところ、村人たちから袋叩きにされ、怪我をして新聞種になった、ということだった。

平成十年の夏、小浜島を訪れ、村の御嶽に入っていったところ、二人の青年が屠殺した豚の毛を剃刀でそいでいるのを見た。アカマタ・クロマタを数日後に控えていたので、その準備のためだと思われた。カメラをとり出すと、二人は急にきびしい顔になり、これは神様のためのものだから撮らないでほしい、と言った。

アカマタ・クロマタは、旧暦六月に行われる豊年祭の二日目に現われる。宮良では、ガジュマルの大木が二本茂っているだけの村はずれの広場が会場であった。夕刻、会場は、村の内外から集まってきた人々で一杯だった。神々は、ナンビドゥと呼ばれる海辺の洞窟から出現すると信じられており、そこから多くの村人たちとともに列をなして会場までやって来るとのことだった。人々は、海の方へ顔を向け、行列を導く太鼓の音が彼方からきこえてくるのを待った。やがて草原を吹き渡ってゆく海風の音にまぎれてしまうほど微かな太鼓の音がきこえてき、それから子供たちが「あ、見えた！」と叫んだ。彼方の草原の中から、まず二本の白い幟が浮かび、ついに一行が姿を現わした。

二人の幟持ちの青年が、踊りの足を踏み、幟をくるくるとまわしながら繰り込んできた時、祭場はどよめき、人々は一斉に拍手をした。幟持ちのあとには、一様に白鉢巻きを前結びにし、袖なしの着物を着、わらじをはき、小さな太鼓を小脇にかかえた数十人の男たちが、二人の幟持ちに二組にわかれて従っていた。彼らのあとには、澄んだ声をはりあげて豊年祭のユンタを歌う、赤い鉢巻きを結び、顔に濃い化粧をし、水色の揃いの着物を着た少年たちが続いていた。

最後にアカマタ・クロマタが登場した。私は、二体の神の姿に眼を見はった。ともに芒の穂の束を頭にいただき、アカマタは赤の、クロマタは黒の、木の大きな仮面をかぶり、全身をツルシノブの蓑でおおっている。面は、毒々しいくらい赤く、或いは黒く塗られ、眼は大きくみひらかれ、同じように大きな口からは、白い歯がけものの牙のようにのぞいている。神々の顔はいかにもおそろしく、「猛猊」という言葉にふさわしかった。

一行が勢揃いすると、歌声も太鼓の音も止み、祭場は一瞬静まりかえった。だが次の瞬間、祭場全体が祭の狂騒に包まれていた。急調子に打ち出した太鼓の音を合図に、人々は一斉に激しく踊りはじめたからである。アカマタ・クロマタは、交互に足を踏み出し、見得を切るように面を傾け、手にした樫の棒を重々しく打ちおろす所作を繰り返した。足を踏み出すたびに、ツルシノブの蓑が、異界からの合図でもあるかのようにかさかさと鳴った。

私はこの祭に、本土の祭にはない南方を強く感じた。この祭が南方系だとはよく言われることで、たとえば石垣島の史家喜舎場永珣は、その『八重山民俗誌』（一九七七）の中で、「儀式の順序から行事の仕方等に至るまですべてが複雑怪奇で、あたかも南方の民族などが山奥で異様な祭祀を行っているかのような一種の神秘感に襲われた」と書き、小浜島には、難破して南の島に流れ着いた人々がそこからアカマタ・クロマタの面を持ち帰ったという伝承があるとも付け加えている。また、昭和四十六年（一九七一）、日本のジャーナリストが南ベトナムのビンという小さな村で、アカマタ・クロマタそっくりの面の出る豊年祭に出会った、という話が谷川健一の本（『日本の神々』など）の中にある。

私の三離嶽への関心は、このアカマタ・クロマタに惹かれてのものであった。

古見まで来ると、私は車からおろしてもらい、一人で三離嶽へ行った。古見の村は、かつての賑わいなどどこにもなく、深閑として人っこ一人見えない。

三離嶽はすぐに分かった。三離嶽、兼真嶽と記した石の道標が路傍に立ち、その近くに小さな鳥居があったからである。その奥には、琉球瓦葺きで、四方吹放しの古びた木造の神アシャゲ（神アシャギ）が見えた。

三離嶽の神アシャギは、比較的軒が高かった。異様に高い木々が茂り合って、いかにも由緒ある御嶽らしい趣きを見せている。

私は、神アシャギのさらに奥に入ってみた。ここにも例の高い木（サキシマスオウ）が群生し、クバやヒルギなども茂って奥深い森をなしている。サキシマスオウの群落はきわめて珍らしいらしく、復帰後の昭和五十三年（一九七八）に国の天然記念物に指定されたことを後に知った。

三離嶽の神アシャギ

宮良では、神々は海辺の洞窟から出現したが、古見（ここではアカマタ・クロマタのほか、シロマタも出る）では、この深い森の奥から現われるという。サ

三離嶽（写真／長見有方）

キシマスオウの根はとても変わっていて、板根と言って板状をなし、高さ三、四十センチの板を垂直に立て並べたかのような奇観を呈している。それは、不埒な部外者が立ち入るのを妨げようとする神々のたくらみのように思われた。

私は、暗い闇の立ち込める森の奥へさらに入ってゆこうとしたが、私の足を引きとめるものがあり、引き返さざるを得なかった。

3 宮古の神々

沖縄の中で私が最も足繁く通ったのは、宮古島だ。その理由は、谷川健一が平成六年に創始した「宮古島の神と森を守る会」（のちに考える会と改称）のためである。谷川さんは、宮古島で或る日、地元の新聞を読んでいて、島の森林が復帰後二十年にして復帰前の半分に減っているのを知って愕然とした。このままゆけば、この先二十年後には、島から森——とりわけ神の森——が消え去るであろう。森がなくな

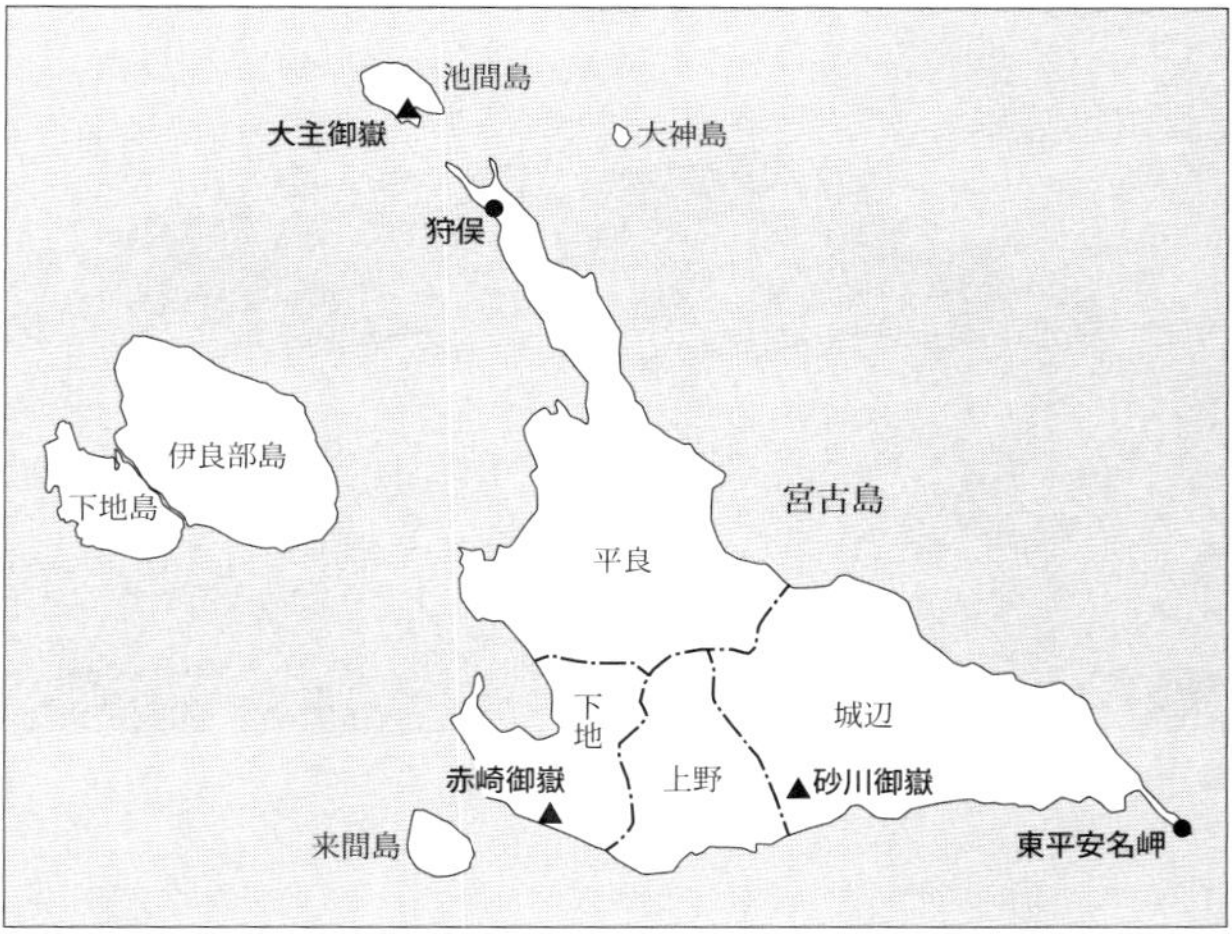

宮古島

れば、島の至るところに住んでいる神々は居場所を失う。神のいない宮古島など抜け殻にひとしい。宮古島を愛してきた谷川さんは、明治政府の神社合祀政策に反対してひとり立ち上がった南方熊楠のひそみにならい、島に森をよみがえらせるため、前記の会を立ち上げたのであった。

しばらく前から谷川さんの面識を得ていた私は、諸手をあげて賛成し、創立時からの会員となった。毎年秋、島のあちこちの村の公民館などを借りて行われる例会に出席しているうち、山下欣一さん、根間忠彦さんと

長山御嶽（伊良部島）

ともに副会長を仰せつけられる破目となった。去年（二〇一七）十一月の会が二十四回目だったので、私は少なくとも二十回は宮古島に来たことになる。
それは、「宮古島の神と森を考える会」の会員、或いは副会長の責務のせいばかりではなかった。宮古島の奥深い魅力にすっかり心を捉われてしまった、というのが実際に近い。
宮古は、最近こそ伊良部島との間にかかった日本一長い橋と言われる伊良部大橋が観光客の人気を呼んでいるが、山らしい山のない、砂糖黍畑がどこまでも続く平坦な島で、観光スポットもほとんどない。そんなこの島の魅力とは、谷川さんの言葉を借りるならば、その「強烈な古代性」だ。昔ながらの祭祀、神歌、民俗のよく残っている島で、いや、残っているというのではなく、少なくとも最近までは、そうした祭祀、民俗が、島の人々の日常であり、生きられていたのであった。

御嶽も多く、旧平良市が編纂した『平良市史』第九巻の「御嶽編」には、全島でほぼ九百ヶ所の御嶽の所在、立地、構造、由来、祭神、祭祀が集録されているのである。沖縄では一般に御嶽は村によって祀られるが、宮古には村の中の小地域集団、里《サトウ》を単位に信仰される里御嶽なるものさえある。

私の見る限り、宮古の御嶽は、森の中に石積みの祭壇を設けているだけの古風なものが多い。

本島あたりでは、御嶽への出入りは自由だが、宮古の島々では、勝手の入域が禁じられているところが間々ある。その点で、神の島と言われる離島大神島のきびしさは有名で、多くの逸話がある。

宮古の中で最も格が高く、「宮古中の人命数奇を掌り給うと伝えられている」（慶世村恒任『宮古史伝』）池間島の大主《うばるず》御嶽も、司の許可がなければ立ち入ることは許

大主御嶽（池間島）

されない。

　私は、これまで三度訪れているが、最初は、まだ池間大橋がかかっていない、平成四年以前のことだった。神籤に当たった女性がフッカサ（大司）に就任するのを断ったので、当時大司はおらず、御嶽をあずかっている仲原シズエさんという老婦人に連れられて、私は御嶽に入った。

　大主御嶽は、池間の村から少しはずれた野中にあり、遠くからでも御嶽と分かる鬱蒼とした森をなしていた。入口には、大主神社という扁額をかかげた、大正七年（一九一八）建立の大きな石の鳥居が立っていた。その前で仲原さんははだしになり、私にも同じようにしろと言う。これまで神社で靴を脱いで参詣したことがなかったので、私はいささか驚いたが、言われた通りにし、靴を手に持ち、森の中の長い参道の白砂を、靴下で踏んで歩いていった。

入口の鳥居よりひとまわり小さいもう一つの鳥居をくぐると、珊瑚礁の岩を積んだ低い石垣と、アコウや福木、ガジュマルにかこまれた広場に出る。午前の光の中に静まり返っている、本殿も拝殿もないその無垢の空間は、波照間島の御嶽の場合と同様、私の心を強く打った。

正面には、根の近くから太い枝が何本もわかれた琉球黒檀（ギタギー）の大木が、亜熱帯の木々の濃密な緑を光背のように背負い、その空間を司る神像さながらの姿で立っている。実際、大主の神はかつて宮古本島の上野村に住んでいたのだが、神同士の戦いに敗れて池間島に逃れ、この御嶽の地に入って姿を消し、そのあとからギタギーが生えた。だからギタギーはこの神の化身だという言い伝えがある由である。

琉球黒檀の背後に、一ヶ所石垣の途切れたところがあって、森への入口になっている。その奥がいわばイビで、そこから先へは、司以外の者は一歩たりとも入ることはできない、とシズエさんは言う。

彼女は、手提げ袋の中から、葉書大の黒砂糖の板を三枚とり出して神前に供えると、尻を落としてしゃがみ、手を合わせて祈りはじめた。低い声だったけれど、彼女の唱える文句の意味は大体分かった。私に分からせようとする気持が働いていたのかもしれない。村人たちがあまり顧みないこの御嶽を、内地からわざわざ拝みに来た人がいます。神様、どうかその人の旅の安全をよろしくお願い致します——おおむね、そんな内容だった。そのあと、私も同じようにしゃがんで、祈りを捧げた。

私たちは、村近くまで一緒に帰り、私はそこでシズエさんと別れた。

「気いつけてな」

と、彼女は私に向って手を振った。しばらく行ってから振りむくと、彼女の小さな黒い姿が、御嶽の森を背にしてぽつんと立ち、相変わらず私を見送っていた。

二回目は、平成十七年十一月、「宮古島の神と森を考える会」が池間島で開かれた際のことだった。多くの会員たちのほか、五人の司も一緒だった。その際ギタギーの前に、小さなコンクリートの拝殿ができているのを見て驚いた。この無垢の空間に拝殿など無用の長物と思われたが、これも時代の流れなのであろう。

三回目は、去年のやはり十一月のことで、会に出席するのと、宮古島を全く知らない若い友人の案内をするため、三泊四日の予定を組んで来島した折のことだった。

今度は私は予め、島在住の陶芸家で、会の事務局長をしている佐渡山安公さんに連絡して、然るべき関係者——女性——を紹介してもらった。電話してみると、「入れません」とあっさり断られたが、粘っているうちに村の方に訊いてみましょう、ということになり、結局午後三時から三時半の間だったら入ってもよい、という許しを得た。それがどういう時間帯なのかは分からず、どなたか来て下さるのか、と訊ねると、誰もゆかないとのことだった。

島に来た日の翌日、私たちは午前、本島の北部を見てまわり、それから池間大橋を渡って池間島へゆき、村のレストランで遅目の昼食を済ませたあと、大主御嶽へ行った。

大鳥居の前に着いたのは、決められた時刻より三十分近く前のことだった。十一月も末だというのに夏のような日ざしが照りつけていて、周囲にはどこにも、一休みできる木陰などなかった。私たちは、思い切って入ってみることにした。

ギタギーも、その背後の森も、広場も、周囲のたたずまいも、以前と少しも変わらなかった。いささかやましい思いは抱いていたものの、あらためて安らぎをもらって戻ってきた時、私たちは、大鳥居の前に三人の女性が立っているのを見た。そのうちの着物を着た中年の二人は、どうやら神役の女性たちだった。二人は、私たちが勝手に聖域に入っているのを認めるや、激しく怒っていることがその表情から分かった。

私たちがかけ寄ると、佐渡山さんに紹介された人とおぼしいもう一人の若い女性が、私たちを引き合わせてくれた。中年の女性の一人は、現在の、一人は先代の司だった。

私たちが平あやまりにあやまったので、二人の表情はすぐになごみ、やがて私たちを案内するために先に立って歩き出した。

私たちは、例によって、大鳥居をくぐる前に靴を脱ぐように言われた。そして参道を歩いてゆくみちみち、参道を掃除する時、ごみは必ず左手の草むらに捨てなければならないとか、御嶽の右手の森の中に立っていた瓦葺きの古びた小屋——籠り屋だという——の入口に落ちていて、私たちが不審に思った吸い殻は、中から出てくる時、先頭の女性が邪気払いにふかしたものだ、といったことを教わった。

別れる時、彼女たちは私たちにはもう何のわだかまりも持っていないように見え、にこやかに笑って、仲原シズエさんのように私たちの旅の安全を祈ってくれた。しかし私は、刀の刃にきらめく光のように、彼女たちの顔に浮かんだ怒りの表情をいまだに忘れることができない。

4　狩俣村

狩俣村は、宮古本島の北西部、西平安名岬や池間大橋の近くに位置する村である。村の西には原生林におおわれた丘陵が横たわり、村の家々はその麓に沿って続いている。丘陵を越すと、イノー（珊瑚礁の浅海）が広がり、その向うには、小さな円錐形の大神島の島影が浮かぶ。丘陵の原生林は、フンムイ（大きな森の意）と呼ばれ、この村を有名にしている祖神祭《うやがん》などの際に神女たちの籠る、みだりに立ち入ることの許されない聖地である。

今では中絶してしまっているが、祖神祭は、旧暦六月から十二月にかけ、大神、狩俣と、狩俣の南に続く島尻の三つの集落で行われる、古くから伝わる大きな祭だ。その大方は、外部の者が見ることを禁じられている秘祭である。

狩俣は、宮古で最も古い村の一つと言われている。「狩俣はかつては周囲に石垣をめぐらし、要所に鳥居型の石門を設けた宮古では他に例のない特異な集落であった」と『平良市史』第九巻にはある。私が最初に狩俣を訪れた時、そのような村の面影はまだ残っていた。「鳥居型の石門」の一つに、魔除けの豚の骨が吊されていたのをおぼえているからである。

村の真中にはムトゥ（元）と呼ばれる瓦葺き、平家建ての古びた小さな家が何軒か建っている。これは、村の創世神や守護神を祀った拝所であると同時に、人々が

狩俣村にあるザー（祭事で使われる神聖な場所）

祭祀のために集まる場所でもある。村には、「ユームトゥ」（四元）と呼ばれる四つの代表的なムトゥがあり、それぞれ女性の祭場と男性の祭場が別になっており、北が女性の、南が男性の棟とさだめられていて、いずれも小さな中庭をへだてて向い合っている。だから「ユームトゥ」の建物は合わせて八棟になるわけである。村人は、その属する宗家に従って、いずれかのムトゥに集まる。もちろんユームトゥ以外にも小さなムトゥがほかにもある（『日本の神々』13による）。

宮古島好きの谷川さんが、中でも好まれたのは狩俣村だった。だから「宮古島の神と森を考える会」は、これまで何度も狩俣を会場としてきた。会が生まれて早々の第二回は、早速狩俣で開かれた。平成七年だから、まだ祖神祭が行われていて、しかも会の当日十一月二十三日は、祭が行われている最中だった。

会では、近年神女のなり手が少なく、このままでは祭が途絶えるという危機感がパネルディスカッションでとりあげられ、村の人たち、とくに女性がさかんに発言して白熱した議論となった。その甲斐あってか、会のあと、二人の新たな神女が誕生して私たちを喜ばせたが、三年後の平成十年には、祖神祭は中絶に追い込まれてしまうのである。

会の数日後、平良で同じホテルに泊っていた谷川さんから、「今晩祖神祭を見にゆきませんか」と誘われた。フンムイにお籠りしていた神女たちが山から下りてきて、神籤で新しい神女と決まった女性をその家から連れ出し、またフンムイに戻ってゆくイダスカンという行事が今夜行われるのだが、その女性の家の近くに空き家があり、そこにひそんで、部外者には見ることが禁じられているこの行事をうかがおうというのである。

私は、この上ない機会だと思い、谷川さんに誘われるまま、その夜タクシーに同乗して狩俣へ行った。夜の狩俣は、深閑として人の姿はなかった。例のムトゥの並ぶ一角を過ぎてしばらくゆくと、農家らしいたたずまいの空き家があり、その裏にやはり無人の納屋があった。谷川さんは戸をあけて中に入り込み、その中の蓆《むしろ》の上に長い脚をのばして横になった。すぐ目の前が女の家だが、少し高みにあり、こちらからだと仰ぎ見る恰好になる。

しばらくすると、女たちが山から下りてくる気配があった。やがて口々に「オロー、オロー」（今来たよの意らしい）と叫ぶ、十数人の草冠をかぶり、白衣姿の女たちの姿を闇をすかして私たちは見ることができた。彼女たちは、女の家の前に半円形をなして立ち、神歌を歌いはじめた。

狩俣の神歌はきわめて古いものらしく、その点で有名で、村に住み込んで神歌を採集し、著作を出した人も一人、二人ではない。しかしその歌詞は私には一言も分からず、謎の呪文のように思われた。静寂にひびくその歌声は、ひととき、古代の夜のさなかにいるかと思わせた。谷川さんは相変わらず横になったまま、目をとじ

山よりムトゥへ下りる女性たち（1974年、比嘉康雄『神々の古層③』ニライ社より）

て歌声にじっとき入っている。
歌が終わると、彼女たちは、新たに選ばれた神女を連れてフンムイへと戻っていった。

平成二十五年十一月二十三日、即ち谷川さんが亡くなった年の、第二十回「宮古島の神と森を考える会」と同月同日におなじみの狩俣公民館で、多数の島の人たち、本土から来た人たちを集めて、「谷川健一先生常世旅立見送り会」が開かれた。正面の壇上の机の上に置かれた遺影は、神女たちの例の草冠を編む草にとり巻かれ、前の箱の中には沢山の貝殻が入っていて、参列者の一人一人が同じ草の束を霊前に供えたあと、好きなだけ持ち帰ることができるようになっていた。副会長の根間忠彦さんが、よく通る声で長い弔いの祈禱をした。その間、私の脳裏には、イダスカンの夜、納屋に横になって神歌を目をとじてきいていた谷川さんが、さらに同じこころ、このごろ風《ふう》が下っているから風を上げてもらいたいと頼み、同じ根間さんに港に近い漲水《はりみず》御嶽の社前で祈禱をあげてもらった時、二時間近いあいだ、ひざまずき、手を合わせて祈っていた姿が次々とよみがえった。

根間さんの祈禱のあと、もと神役の女性が「旅栄のアヤグ」を歌って会は終わった。

5　赤崎御嶽から砂川《うるか》御嶽へ

大主御嶽を訪れた翌日、友人と私は方向を南へと変え、最南端の東平安名岬をめざし、まず平良に近い、十四～十六世紀ごろ大陸から渡来した人たちが造ったという説のある巨石墓（ミャーカ墓）をいくつか見たあと、さらに南下して、皆愛部落の近くの赤崎御嶽に立ち寄った。数年前、たまたま通りがかりにこの御嶽に気づき、中に入ってみたところ、その森の深さに心惹かれたからである。

赤崎という地名は、与論島、本島の石川市（現、うるま市）などにあり、外間守善らの『沖縄の祖神アマミク』（一九九〇）によると、アマミクとかかわりがあり、かつてこの神を奉じた海人たちが上陸し、農耕をいとなんだ地だという。

この御嶽が周辺の土地の篤い信仰を集めていることは、近くの上野村にこの御嶽の遥拝所だというアカザキ御嶽があることからも分かる。五穀の豊穣をつかさどる大世の主豊見親（ウプユヌスユミヤ）を祀る。

この御嶽の入口は、この土地の海辺にひろがる大きなゴルフ場の中にある。小さな木の鳥居をくぐると阿旦の茂みが左右から私たちを迎えた。森は奥が深い。進んでゆくと、以前来た時に比べ、台風のせいであろう、森の茂みが浅くなっているように思われた。右手の海に面した側では、海こそ見えないけれども、海からの光が木々の下葉を明るませていた。しばらくゆくと、自然石を積んだ低い石垣にかこま

アカザキ御嶽の鳥居

アカザキ御嶽の内部

れた、かなり広いイビに至り着いた。ここでは、近くの洲鎌、上地部落の司たちが、年三回例祭を行っているという。森はさらに奥へと私たちを誘っていたが、私たちはそこで引き返した。

砂川《うるか》村へゆく途中、私たちは近くの上野村に窯を構えている佐渡山安公さんを訪ねた。「太陽が窯」の敷地に立っている「みんなみの離《ばな》りの島の真白砂にわがまじる日は燃えよ花礁《はなせ》も」と刻まれた谷川さんの歌碑に私は久し振りに対面した。

上野村から東南の方向へしばらくゆくと、そこは城辺《ぐすくべ》砂川だ。砂川村は、狩俣と並ぶ宮古では最も古い、そして特異な村である。

宮古生まれの歴史家稲村賢敷は、昭和三十二年（一九五七）、『琉球諸島における倭寇史跡の研究』という本を出し、砂川一帯はかつて倭寇の人たちが住んだところだという説を唱えて話題をまいた。言い伝え、地名、大陸製の青磁、白磁などの発掘品からこの説にはなかなか説得力があり、晩年の柳田国男も読んで、「もっと注意せられていい本だと思う」（『故郷七十年』）と言って認めている。

この本によると、砂川の旧家には「安倍晴明の著書『金烏玉兎集』そのもの」と言われる卜占の双紙が伝わっていて、家によっていくらか違いがあり、その違いから家の系統が分かるのだという。この双紙はあきらかに大和から持ち込まれたものだ。宮古だけでなく、沖縄全体に倭寇の影が濃く落ちていて、琉球王国の成立には倭寇の影響があるとは、折口信夫の「琉球国王の出自」をはじめ多くの人々の説くところである。

倭寇と関係があるかどうかは分からないが、砂川村にはマウ神という独特の信仰がある。マウ神とは、村や家の守護神ではなく、個人の守護神なのだ。子供が生まれると、或いは或る年齢に達すると、神籤によってマウ神を決めてもらう。大方は御嶽の神々で、マウ神を決めてもらった子供は、生涯自分の守護神としてその神を祀るのである。

以前からマウ神に強い関心を抱いてきた谷川さんは、「日本の神観念をどこか破壊するような、あるいはそれを超えるような」この神の謎を解明したいと、第十回の「宮古島の神と森を考える会」の会場を砂川村に決めた。私は、マウ神についてはは無知にひとしかったが、出席し、パネラーの一人としてパネルディスカッションにも参加した。だから砂川を訪れるのは、今度がはじめてではないのである。

村の近くには上比屋《うぃびゃ》山という小さな山があり、上にはいくつかの御嶽が鎮座していて、山全体が聖地になっている。国道とわかれ、鬱蒼と木々の茂る森の中の緩い坂をのぼってしばらくすると、ひらけた土地に出る。そこには三棟の古びた建物が建っている。いずれも壁は珊瑚礁石灰岩の石積み、軒の低い屋根は昔ながらの草葺きで、屋根も壁もすっかり黒ずみ、まるで家々の亡霊のようだ。扉のない入口から中をのぞいてみると、闇が深く、北側の壁に沿って石組みの祭壇が設けられているらしいのが分かるだけだ。

この三棟は、狩俣のムトゥに似て、各ムトゥに属する村の人たちが祭の際にお籠りをする家で、昭和五十六年(一九八一)に県から有形民俗文化財に指定されている。ほかにもムトゥがあるらしいので、私たちはしばらく森の中をさまよい歩いた。しかし大木の根元に自然石をいくつか積んで祭壇としたムトゥを一つ見つけただけだった。

最後に私たちは島の最南端の東平安名岬までゆき、その先端に佇んで、秋の日に輝く太平洋を満喫した。

6 斎場《せーふぁー》御嶽

斎場御嶽は、かつて琉球王朝の御嶽だったところで、王朝最高の神女、聞得大君の即位式御新下《うあらう》りが行われてきたことで名高く、本土の伊勢神宮に相当する、沖縄では最も格の高い御嶽である。本島の南東部、太平洋に突き出た知念岬の丘陵上、知念村（現、南城市）久手堅《くでけん》に存在する。御新下りの、二百人の供人を引き連れての行列は、早朝に首里城から出発し、夜九時に斎場御嶽に到着したという（『聞得大君加那志様御新下日記』）。今でも那覇からバスで一時間はかかる。なぜこのような場所に御嶽を設けたかについては、古記録からは解明できないが、海をへだてて真向い、太陽の上る方向にその島影を浮かべている久高島を抜きにしては語れないだろう。

前述のように久高島は、沖縄の祖神アマミクが神下りし、五穀の種を伝えたとされ、かつては国王が事あるごとに行幸した神の島なのだ。斎場御嶽は、この久高の遥拝所、お通し御嶽として設けられたのである。

斎場御嶽は、かつて地元の村の御嶽だったという言い伝えが残っているらしいが、湧上元雄は、斎場御嶽が王権祭祀の最高祭場となったのは、第二尚氏（一四七〇〜一八七九）以後のことであろうと言う（『沖縄民俗文化論』）。

私が半世紀近く前にはじめて訪れたころ、斎場御嶽の広い聖域内のどこへいっても人の姿はなく、やっと寄満《よりみつ》という巨岩の前の拝所で、中年の女性が手を合わせて拝んでいる姿を見かけただけだった。しかし平成十二年に世界遺産に登録されるや、観光スポットとなり、入口に入場券売場ができ、駐車場も整備されて、団体客までが訪れるようになった。

斎場御嶽に来ると、御嶽に社殿がないのは、単なる成りゆきや、旧習墨守のためではなく、明確な意志――信仰から来た意志の結果であることがよく分かる。かつて王家の聖所であったにもかかわらず、一万五千坪に及ぶ聖域の中には、建築物は

斎場御嶽

最近できた入場券売場をのぞけば、一切ないのだ。

御新下りに際しては、二百人を超える供人たちのため、現在の駐車場のあたりに、御待《うまち》御殿《うどん》と称する、四面の壁が蒲葵の葉でおおわれた仮屋が設けられたが、儀式が終わると、神の怒りを怖れるかのように急遽取り払われたという。

御門口《うじょうぐち》と呼ばれる入口には、今も門も鳥居もなく、古びた石灯籠が二基立っているだけだ。かつてここは男子禁制で、やむをえず中に入らざるをえない男性は、帯を解き、左合わせの女装をして入ったという。

御門口からは、石畳の参道がまばらな林の

中をのぼってゆく。明治のころまで、このあたりは木々の鬱蒼と茂る昼なお暗い森だったらしいが、その後の乱伐、とくに沖縄戦の際の陣地構築のために伐り払われて、今ではその面影はない。しかしあちこちに見られる奇岩怪石はそのままに残り、今なお神秘の気配を漂わせている。

参道を百メートルほど上ると、左手にこちらにのしかかるようにそびえた巨岩が現われる。岩の凹みに拝所が設けられており、その前が小さな広場になっている。ここが御嶽の中心をなす「大庫理《ウフグーイ》」と呼ばれる拝所だ。御新下りの儀式は、深夜、この広場で行われる。

「神歌を謡う神女たちに囲まれた聞得大君が、ここ大庫理の神座に着座すると、〔久高島の外間ノロが〕聖水を大君の額につけ御水撫《うびいなでい》をする。大君の頭上に玉御冠を乗せ、洗米を数粒つまみ、「聞得大君美御すじ」を唱えながら霊感づけをする。その瞬間、神女たちは総立ちとなって、今しも神となってニライへ旅立をする大君を祝福する「ヤラシクェーナ」の歓喜の大合唱とあいなる」（『沖縄の聖地』）

これが大庫理で行われる御新下りの中心「御名付の儀式」の概要である。なおこの儀式を司祭するのが久高島のノロであることは、斎場御嶽と久高島の関係の深さを立証する。

大庫理を過ぎてしばらくすると、右折する道がある。そこを曲がらずにそのまま奥へ進むと、突き当たりには鍾乳石の垂れたもう一つの巨岩が私たちを迎える。その岩陰には、寄満《よりみつ》という拝所がある。なお寄満は台所、庫理または部屋という意味で、首里城の中には、同名の場所があるという。

三庫理

少し戻って、さきほどの右折する道をゆくと、ゆく手に高い岩壁が立ちはだかり、その裾には、神の審問の眼を思わせる鋭い三角形の大きな空隙がある。そこを入ると、三方を岩壁にかこまれた小さな広場に出る。そこが三庫理《サングーイ》と呼ばれるもう一つの拝所で、右手の岩壁がチョウノハナ、この岩壁を通して天空を拝むのだという。左手は、海へと落ちる断崖だ。そして紺青の海のすぐ向うには、久高島の低い、緑の島影が浮んでいた。冬至の日には、島のちょうど真裏から太陽が上るのだという。三庫理まで来ると、斎場御嶽が久高へのお通し御嶽であることがよく分かった。

7 死んだ御嶽、生きている御嶽

昨年（二〇一七）の秋、私は、沖縄本島中部の東海岸に位置する中城《なかぐすく》から本部半島今帰仁城《なきじんぐすく》への旅を計画した。これまで御嶽ばかりを訪ね歩いたが、グスクにも必ずといっていいほど御嶽があり、御嶽の成り立ちを考える場合、グスクを無視することはできないと思ったからである。

バスを乗り継いで旅をするのは時間がかかり過ぎるので、レンタカーを利用することにし、運転ができない私のために息子が同行してくれた。

中城は、第一尚氏の名将護佐丸の居城で、現在建物は全く残っていないが、その石垣、楼門などはよく残っていて、「グスク美の最高峰」とたたえられている。一帯は、半世紀近く前に一度訪れた時に比べ、「中城城址公園」としてよく整備されている。中城湾を望む高所に位置し、折しも晩秋の快晴の一日で、海が輝き、眺望はまことによかった。

城内には八ヶ所の拝所がある。いずれも石垣を積みめぐらして小さな一区劃を設け、その中のガジュマルの木陰などに香炉を置いている、といった按配だ。

中城から今帰仁城へゆく途中、私には一ヶ所寄りたい御嶽があった。中城のすぐ西、浦添市西原にある古棚原《こたなばら》御嶽だ。浦添市西原の拝山《うがんやま》と呼ばれる小さな山の上にあり、山下には名井が湧き、「現在ウガン山一帯は森林が生ひ茂り、御嶽、殿、拝泉などが残された市内唯一の場所となっている」と、『角川日本地名大辞典』（昭和六十一年）沖縄県篇では、わざわざこの御嶽の項目を立てて書いている。

しかし西原へ行っても、なかなか場所が分らなかった。西原役場へ行っても古棚原御嶽の名は誰も知らず、拝山の方向だけは分かったので、そのあたりまで行ってみて、通行人に訊ねて、やっとつきとめることができた。

東井泉《あがりがー》と呼ばれる井泉は今も湧き続けているようで、案内板によると、かつては村人たちの飲料水として利用され、現在も初水や産湯のために汲む者が多いという。現在市の文化財に指定されている。

私は、山の上に登ってみた。山一帯に森林が生い茂っているどころか、木々は伐り払われて芝地となり、あずまやのような建物もあり、一帯は児童公園といった趣きである。見まわしてみたが、どこにも御嶽らしきものはない。やっと山のはずれに、御嶽の森の残骸と言う如き、まばらな木立ちを発見した。木は伐られるか、枯れるかして、森の体はなしていないものの、かつて森だった気配らしきものは残している。

私はそばまでゆき、惨めな木々の中の参道とおぼしき道を辿っていった。その突き当たりには拝所があるはずなのだが、私は驚くべきものを見た。ごみを詰め込んだ大きなビニール袋がそこに山と積まれていたのである。眼前のこのごみの山は、この近くには古棚原御嶽に詣る人が一人もいないこと、ここが死んだ御嶽であることを示していた。

　これまでもこのような死んだ御嶽を目にしたことはいく度かある。やはり本島中部の村で、神の森がすべて伐り払われて、コンクリートの駐車場となり、片隅に申訳ばかりの小さな石の祠が祀られていたのを数年前に見ている。

　御嶽は、村全体で祀るものだが、宮古島には、里と称する村の一地域だけで祀る里神《さとがん》（里御嶽）というものがある。中には、個人で祀っているのに近い里御嶽もあり、そうした御嶽では、世話する家がなくなって、雑草が中に立ち入れないほど鬱蒼と茂ったところが出てくる。私は、平良の近くや、南部の保良《ぼら》の周辺でそうした御嶽をいくつか見た。

　神女のなり手の少ないことも、御嶽のこのような「死」の要因となっている。神女がとり仕切らねばならない祭祀は、私たちの想像以上に多く、しかも昔からの仕来りを変えることは許されず、タブーはきびしく、時には日常生活に支障を来すほどである。しかもこうした労はあまり報われず、かつては、「ノロクモイ地」という田地が与えられたが、琉球処分以来廃止されており、村の乏しい財政の中からまかなわれるだけであって、労多くして功少なしという言葉そのままだ。

それにしても、古棚原御嶽のような、古くから知られ、地名辞典にものっている御嶽の荒れようには唖然とせざるを得ない。過疎、高齢化に信仰心の低下も手伝って、御嶽信仰が今岐路にあるのはたしかだ。


今帰仁城へゆく前に私たちはもう一つ寄り道をした。安和《あわ》のクバ御嶽である。安和は名護市に属し、本部半島の付け根にあり、南は名護湾に面し、北に安和岳を背負った人口千人ほどの小さな集落だ。集落の西に大きなセメント工場があるらしいが、私たちが集落の入口に車をとめて歩きまわった限りでは、店屋もあまりなく、人影もほとんど見えず、深閑としていた。

クバ御嶽は集落の背後、山の裾にある。クバとは檳榔のことで、御嶽では最もよく見かける神樹であり、久高島の有名なフボー御嶽をはじめ、この木の名を冠した御嶽は、沖縄のあちこちにある。鳥居を入ると、真中に神の忘れ物でもあるかのような古びた石の小さな祠が置かれている、四囲を檳榔の森にかこまれた広庭があるだけで、ほかには何もない。ここでも、この何もなさが私の心を打った。ひろげた人の掌のような葉をつけた檳榔が一番密生しているのは、正面の崖の緩い斜面だ。その中ほどに拝所があり、この集落の祖神を祀るという。

クバ御嶽は、毎年旧暦九月十七日に地区総出で清掃を行い、周囲に張りめぐらせた左縄をとりかえる。この御嶽が古棚原御嶽と違って生きていることは、社域内に漂う霊気からもはっきりと感じられた。

8　国頭《くにがみ》で

今帰仁城は、安和と同じ本部半島の付け根にあるものの、その反対側、つまり北岸に位置する。標高八十〜百メートル、東シナ海を見下ろす古生期石灰岩の高地の上に築かれている。

古琉球の三山（北山・中山・南山）の時代、北山の王たちが居城としたところで、中城とともに今に残る名城とうたわれており、沖縄の人々が毎年行う今帰仁上りの主たる目的地でもある。十三世紀ごろに築かれたとされており、

「聞こえ　今帰仁《みやきせん》
百曲《ももま》り　積み上げて
珈玻羅寄《かはらよ》せ　御ぐすく造《げら》へ
又鳴響《とよ》む　今帰仁《みやきせん》」

と『おもろ』にも歌われている。総面積一万一千余坪、中城のほぼ倍の広さだ。昭和五年（一九三〇）に建てられたという大きな石の大鳥居をくぐり、古生期石灰岩をみごとに積み上げた石垣に設けられた平郎門から長い石段を登ってゆく。ただしこの石段も近年の造作で、かつての参道は右手のはるか下、木立ちの中に隠見している。

石段が最初に達するのは、ウミヤァ（大庭）という広場で、そこから一寸上ったところにかつての本丸跡がある。ここには、古色を帯びた赤瓦の屋根をいただく石壁の小祠があり、火の神を祀っている。

今帰仁城の城壁跡

火の神を祀る小祠

テンチヂアマチヂの御嶽

今帰仁城内には拝所がいくつかあるが、その主たるもの、カナヒヤブの御嶽（テンチヂアマチヂの御嶽）が、本丸のすぐ左手、御内原《ウウチバラ》にある。石を積み上げて小さな囲い地を作り、七、八本の樹木が茂ってその下に大きな石を祀っている。これは、この城の守護の石で、城が尚巴志の軍に攻められて落城する時、北山王はこの石に向い、代々守護神と頼んできたが、今敗れるに当たりともに滅びんとて、千代金丸という刀で十文字に切りつけた。それゆえ石には今も十文字の切り跡がある、という（『日本の神々』13）。

ところで琉球最初の正史『中山世鑑』（一六五〇）の巻一「琉球開闢之事」の章に、創世神アマミク（阿摩美久）が次々に作った御嶽の名が並記してある。「先ヅ一番ニ、国頭ニ、辺土ノ安須森、次ニ今鬼神《ナキジン》ノ、カナヒヤブ、次ニ知念森、斎場嶽、藪薩ノ浦原、次ニ玉城アマツヅ、次ニ久高コバウ森、次ニ首里森、真玉森、次ニ嶋々国々ノ、嶽々森森ヲバ、作リテケリ」

若干説明を加えると、辺土の安須森は、本島の最北端、険しい断崖にかこまれた山に位置する御嶽、知念森は斎場御嶽の近く、知念城にある御嶽、藪薩の浦原は、島尻の玉城にある、今も深い神の森におおわれている藪薩御嶽、玉城アマツヅは同じ玉城の玉城城内にある天つぎあまつぎの御嶽だ。

この『中山世鑑』の記述では、二つの点で興味をそそられる。一つは、アマミクが国頭から島尻へ、つまり北から南へ次々と御嶽を作ってゆくことで、これは、沖縄の人々がこのルートに従って島へ入り、ひろがり、定住したことを思わせる。外間守善・桑原重美は主に地名を手がかりにして、このようなルートを検証している。近年奄美大島笠利、小湊、徳之島伊仙町、喜界島城久で次々と大きな遺跡が発見され、かつて沖縄本島より奄美諸島の方が先進地域ではなかったか、と考えられるようになってきた。たとえば鉄も沖縄本島より一世紀も早く奄美の方に入っているのである。

もう一つの点は、今帰仁のグスクより先にカナヒヤブの御嶽がまず存在した、ということだ。

グスクには今日、城という漢字をあてることが多く、実際中城《なかぐすく》、今帰仁城《なきじんぐすく》などは城としか考えようがないが、中にはとても城とは考えがたい小さな石がこいや洞窟、海中の小さな島などにもグスクが多数存在する事実から、仲松弥秀は、グスクは元来祖神の葬所、即ち御嶽であり、中には防禦用の城に発展したものもあると論じて話題をまいた。今日グスク論にかたがついてはいないが、この『中山世鑑』の記述からも、私自身仲松説を支持したい。


今帰仁城の近くにはコバウノ御嶽（クバン御嶽）がある。アマミクの作った御嶽の中には入っていないが、『聞得大君御殿幷御城御規式之御次第』（一八七五）には、国のはじめにできた七つの御嶽の一つに数えられている。首里王府でも重んじられていた御嶽で、毎年正月と九月、王府から役人が派遣され、今帰仁城内の二つの御

クボウ御嶽

嶽とコバウノ御嶽を祭場とし、地元の神女たちとともに王朝の繁栄を祈る「御祈願」という行事が行われた。ここは、北山王朝にとって、首里王朝にとっての斎場御嶽のような存在であったろうと小島瓔禮は言う（『日本の神々』13）。

コバウノ御嶽は今帰仁城の南西、標高百九十メートルの山にあり、山一つすべてが御嶽で総面積は四万坪をこえ、沖縄最大の御嶽だ。私はかつて、二十年近く前、一人で頂上まで登ったことがある。頂上近くは嶮しい岩の道で、道に張られたロープにすがって上っていった記憶がある。

途中に大きな祭場があるので、ともかくそ

こまで行ってみることにした。山中に車で入り、「クボウ御嶽」という古びた小さな石標が立っているところで車を下り、参道に入った。

すぐに深い森の気配が迫ってくる。コバウ、クボウは、安和のクバ御嶽のクバ同様檳榔樹のことである。かつては山中に大きなクバの木が茂っていたというが、今は目立たない。ところどころに大木が倒れて道をふさぎ、右手の草むらの中に廃車となった車が放置されている。

しばらく登ると、道は一寸した広場に出る。ここが祭の行われる祭場だ。奥の高み、ガジュマルの大木の根元に香炉が置かれていて、拝所となっている。その下が三段にわかれ、上段が祝女の、中段が村の女たち、下段が男たちの座となっている。ここで、五月十五日と九月十五日に大御願《うふうがん》という祭が行われる。

祭場から山頂までが、例のロープの張られた岩場の道だ。山頂がいわばイビで、巨石の下に香炉が置かれていたように思う。眼下に今帰仁城の城壁のみごとな曲折が望まれ、その向うには海がひろがっていた。その鮮やかな青が今でも私の眼中に残っている。

9　阿嘉島・座間味島

私は、平成十二年三月四日から七日にかけて、阿嘉島と座間味島を訪れた。この二つの島は、本島の西方三十キロの海上に列なる慶良間列島に属している。那覇の泊港から高速船で約一時間、午後三時に出発して、四時前には島に着いた。

港の近くのホテル・シードルンという小さなホテルに投宿した。この島はダイヴィングのメッカであり、泊るのはほとんどがその方の客で、ロビーには若い人たちが溢れていた。フロントで名前を言うと、いきなり「身長は何センチですか？」と訊かれた。宿に泊るのに身長を訊かれたことなど生まれてはじめてだったので虚を突かれ、ベッドの大小でもあるのかと思い、百六十五センチだと答えると、相手の若い女性は、「あ、すいません。間違えました」と間の悪そうな笑顔になった。私をこれからダイヴィングにゆく団体客の一人と勘違いしたのであり、彼らにホテルからウエットスーツを貸し出している最中だったのである。これは、あとで知ったことだが、二月三月は海水の透明度が高く、場合によっては、夏よりもダイヴィングに向いている季節とのことだった。

阿嘉島は、周囲十二・三キロ、中央に標高百八十七メートルの中岳がそびえ、村はその南麓の海沿いに一つだけある。人口三百十一人（平成十年）、沖縄の離島はどこも過疎で悩んでいるのに、この島は、ダイヴィングの魅力にとりつかれて本土から移り住んだ人々で、この五年間で五十六人も増えたという。

夕方、部屋に荷物を置き、村の中を歩いてみた。

海岸線と並行する村の中央の通りの左右には、畑などをまじえながら、ぱらぱらと家がある。赤い琉球瓦の古い民家が、まだ比較的多く残っている。

小学校前の小さな空き地に、太い幹のかなり下の部分から逞しい枝が何本も枝分かれした大木が立ち、その木陰には、琉球瓦をいただく小さな祠があった。木の幹に立てかけられた、墨の字が薄れて読みにくい案内板によると、この木は御殿《うるん》の大ギヌツ（アカテツの方言）で、種取祭の時、この木のかたわらにウルンと称して茅

大ギヌツ

の小屋を作った由である。

種取祭は、今では廃れたところが多いが、かつて南島で、旧暦の九月に広く行われた稲の種おろしの日の行事で、豊作祈願祭である。慶良間諸島の種取祭は、昭和の初年までにはすべて廃絶したものの、久高島のイザイホーと並ぶ秘祭として一部の人々に知られていた。海の彼方の他界ニライ・カナイから訪れるヤヘーという神を迎え、歓待し、送る行事を主体とする。一週間も続く、村をあげての大祭で、ヤヘーは夕暮時、白衣を着けた多くの神女が浜に集ってウムイ（神歌）を合唱するさなか、舟に乗って訪れ、紅衣を着たカミササギ（神の嫁）と

大ギヌツのそばに埋もれていた仏像

呼ばれる神女に乗り移って、神意を託宣したという。神の来訪に先立ち、山中のウタキで新加入の神女の入巫儀礼などがあったが、その内容は極秘で、今に至るまで詳しいことは分かっていない。堀田吉雄の「秘祭種子取の廃絶過程」という一文によると、祭が中止になってから半世紀後も、かつて祭に参加した老神女は、民俗学者たちの度重なる質問に対し、ついに口を割らなかったという。

　御殿の大ギヌツのある空き地に隣接して、ウタキらしい、古木の茂り合った小さな森がある。畑で働いていた老婆に訊くと、大ギヌツとこのウタキと、山の麓のカー（井泉）は、種取祭がなくなっても、かつての祭の当日には、神女たちはこれらの場所を拝んで歩くという。

老婆の言っていたカーは、すぐ近くの臨海研究所の建物の前にあった。水道が普及した現在、どこのカーも使われていない。ここでも水はまだ湧き出ているが、コンクリートの井桁は半ば草に埋もれている。そしてかたわらの石の祠には、目鼻立ちの分からなくなった小さな石の仏像が祀られていた。

翌日、食堂で朝食をとっていると、五十年配のホテルの主人がやってきて、十時ころから御案内しましょう、と言ってくれた。昨日港まで迎えに来た彼に、島の山のウタキを見たい旨を告げておいたためである。

慶良間諸島、とくに阿嘉島と座間味島では、村のほかに山の中にもウタキを祀っている。これは、本島などにも見られることだが、その場合二つのウタキの関係は、神社における山宮と里宮のそれに近い。しかし慶良間では、いくらか事情が違う。村のウタキは村全体で祀るのに、山中にあるウタキ——阿嘉島には三つある——への所属は、門中《もんちゅう》と呼ばれる父系親族集団によって決まるからである。

山中のウタキは、かつてはみだりに立ち入ることのできない秘所だったようで、現在でもそうしたタブーは残っており、三つのうちのクボウウタキにはついに案内してもらえなかった。

主人の運転するワゴン車に同乗し、十時頃に出発、まずは島の西南端の越原展望台へ。そこは岬の断崖の上に設けられた小公園で、すでに慶良間ツツジがあちこちに赤い花を咲かせている。西南の方角にかなり大きな無人島の久場《くば》島が見える。クバはここでももちろん神樹蒲葵（檳榔）のことで、島には御嶽があるという。公園の中にも久場島へのお通し御嶽があった。

主人は、真南の白波のあがっている岩礁をさして、奥《おー》武島だと言い、昔の葬所だと付け加えた。私は、仲松弥秀の「青の世界」（『神と村』所収）や谷川健一の「ニライカナイと青《おう》の島」（『常世論』所収）を思い出さずにはいられなかった。仲松説によると、沖縄には奥武島と呼ばれる地先の島があちこちにあり、いずれもかつての葬所だったという。そして『琉球国由来記』や『琉球国旧記』の表記から、奥武は、古代にあっては黄を含む冥界の色であった青《おう》とし、「古代の沖縄人はニライ・カナイを〈青の世界〉と観じていたのとおなじく、死者の往くところも〈青の世界〉と想念していた」と書く。そして谷川はこの論を一層発展させ、青の島は本土の方にあることも実証するのである。

今日も曇りで、見はるかす東シナ海はどこまでも暗い鈍色《にびいろ》だ。主人は、今度は展望台に近い西の海をさし、あのあたりには鯨が回遊してきます、と言い、阿嘉島の隣の座間味島からは、鯨を見るための観光船も出ています、と付け加えた。

最初に連れてゆかれた山ウタキは、ナカウタキ（中御嶽）で、中岳へのぼる車道から一寸入ったところにあった。ウタキと言っても、森の中の小さな網内（祭場）に、琉球瓦の石の祠が一つあるだけだ。次に行ったウフウタキ（大御嶽）は、道路からかなり離れた森の中にあった。私たちが入ってゆくと、一羽の茶褐色の鳥が大きな羽音を立てて、近くの枝から飛び去った。そのあと森の静寂が迫ってくる。立ち並ぶ木々は、私たちを黙ってみつめる神の守護兵たちのようだった。ここはナカウタキに比べると広く、祠の中には六つの香炉が置かれていた。

こうしたウタキには、鳥居をはじめ目印になるものは何ひとつないので、多くのウタキをまわって歩いて、土地勘を持っているつもりの私でも、一人で来たら、多分見つけることがむずかしかったろう。

そのあと主人は、阿嘉大橋を渡り、慶留間《けらま》島の船頭屋敷へ連れていってくれた。慶良間諸島は、琉球王朝時代、中国への進貢船の中継地に当たり、周辺には暗礁が多く、そのため船には、航路に詳しい地元の船頭たちが多く雇われた。船頭屋敷は、王朝の末期にその一人が建てたもので、国指定の重要文化財だという。しかし残念ながら現在は修復工事中で、中へ入ることができなかった。

このあたりは、琉球瓦の民家と珊瑚礁石灰岩の石垣から成る昔の沖縄の村の面影がよく残っている。こまかい白砂の通りには人の姿はなく、石垣をおおうブーゲンビリアの花がいたずらに赤い。

ホテルへ帰る道すがら、主人は、自分の家の先祖も進貢船の船長だったと言った。ホテルのシードルンという名前は、私は英語かと思っていたが、船頭殿という沖縄の言葉だという。阿嘉島は、沖縄戦の際、米軍が一番最初に上陸した島で、艦砲射撃の被害が大きく、自分の家でも、進貢船の制服をはじめ先祖伝来の多くの品々が焼かれてしまったと口惜しそうな口調で言った。

三時すぎ、座間味島へゆく私を、主人はまた車で港まで送ってくれた。ちょうど座間味から那覇へ向かうフェリーが着いたところで、主人は、下りてきた青年を、座間味の人間だからと言って私に引き合わせ、すぐに私の今夜の宿の手配をさせた。青年は、携帯電話であちこちに電話したがなかなかつながらず、やっと通じた一軒の民宿に部屋をとってくれた。ダイヴィングの連中で、どこの旅館も民宿も混んでいるらしい。

私は、四時の高速船で座間味へ渡った。阿嘉―座間味は、わずか十分である。座間味は横に長い島で、東の部分が大きく湾入して港となっており、島の八割は山林である。面積も人口も阿嘉のほぼ倍、村も座間味、阿真、阿佐と三つある。

私が泊まったのは、老婆一人でやっている、まことに殺風景な民宿だった。畳のすりきれた、テレビ一つない四畳半はまだ我慢するとしても、夕食がごく粗末な刺身と沖縄ソバだけとは恐れ入った。その上ビールも泡盛もなく、外に出て近くのスーパーまで買いにゆかねばならなかった。沖縄の離島では、時折本土では考えられないような民宿に出会うことがある。阿嘉島へ来る前に立ち寄った渡名喜《となき》島の民宿もひどかった。「家庭的」とガイドブックにはあったが、家庭的どころか、第一宿の人の顔を見ることさえめったになかった。食事時に食堂へゆくと、誰もいなくて、テーブルの上に人数分の食事が並んでいるだけで、その上一度など、食堂の扉に鍵がかかっていて中へ入れず、どこからか宿の人が帰ってくるのを三十分近く待たねばならなかった。沖縄の人は一般に親切だから人情のせいではない。俄作りの民宿が多く、接客のノウハウがゆき渡っていないのである。

その日はもう山行きは無理なので、私は夕食後、あちこちの民宿を見て歩き、鉄筋三階建ての大きな民宿「船頭殿」――またもやシードルンだ――に、明日の宿泊の予約をした。

翌日も曇り。沖縄へ来てから一週間、私はまだ一度も太陽の顔を見ていない。信じ難い裏切りにあっているような気持だった。

座間味には、阿嘉島同様、村々のウタキとは別に、村から遠く離れた北部の山に七タキと称して七つのウタキがあり、座間味、阿真、阿佐の人々は、村単位ではなく、やはり門中組織に従い、そのうちのアカサチウタキ（赤崎嶽）、ナカタキ（中嶽）、ウフウタキ（大御嶽）、クタキ（小嶽）のいずれかに所属する。そしてウタキ上りと称し、旧暦九月の吉日を選び、門中の人々が打ち揃い、神酒と重箱をたずさえて所属するウタキにのぼり、ウタキの掃除をし、神に豊穣と多幸を祈り、神前で酒食をともにし、歌い踊る。山といっても標高百五十メートル前後のもので、しかも最近は山頂近くまで車が入るが、かつては一日がかりの行事だった。

私は、アカサチウタキ以下四つのウタキにゆきたいと思い、正確な場所と道順を知るためにまず村の教育委員会へ行った。

教育長が応待してくれ、一人ではとても無理だから課員に案内させる、と言った。出てきたのは、四十年配のK氏だった。

山へ向う車の中でK氏は、七タキには元来普段の日には登ってはならないのだと言った。入域の禁を破らせて心苦しいが、ここまで来た以上はやはり見ておきたい。K氏の家の所属するウタキは、ナカウタキだ。赤ん坊の生まれた家では、ウタキ上りの際、小さな饅頭を作って持ってゆき、皆に配るとか、喪中の家の人は上れない、といった話をしてくれた。

ウフウタキの入口の大分手前で、車が通行止めになっていたので、仕方なく十五分ほど山道をのぼった。K氏は入口で、もう一度各ウタキへの道順を説明したあと、仕事があるからと帰っていった。

ウフウタキは、クバの枯葉が散り敷く森の中に、三方に石を積み、その上に石板を何枚も重ねた祠があるだけだった。周囲の草むらには、名を知らない赤い花が点々と咲いている。

右手に細い道があるので辿ってゆくと、ゆきどまりに小さな空き地があった。香炉などは置かれていないが、ここがウフウタキのイビなのかもしれない。

ウフウタキを出て、クタキをめざし、細い道をさらに上ってゆくと、急に視界がひらけ、眼下に北岸の海が見えた。いくつかの岩礁が点在しているが、とりわけ、高くそびえる、一面草におおわれた孤岩が目をひく。なんだか草装の神が海中に佇んでいるようだ。

尾根をくだり、また少しのぼった森の中にクタキがあった。長方形のコンクリートの箱を思わせる祠があり、横の壁に「小滝の宮」と書いてある。森の中に佇んでいると、近くの断崖に打ち寄せる波音がかすかにきこえてくる。

ここにも右手へ入ってゆく小道があり、突き当りに、海の見える同じような小さな空き地があった。やはり香炉はない。

車の通行止めのところまで戻り、ウフウタキへの道と直角に交叉する車道を展望台の方へのぼってゆく。道の左手にナカタキとアカサチウタキの入口があるはずなのだが、ナカタキの方はついに見つからなかった。

アカサチウタキは、車道からかなり奥深く入った森の中にあった。同じコンクリートの祠、同じ右へと入る道、同じ小さな空き地。私の見た三つのウタキは、立地もたたずまいも、全くといっていいくらい似ていた。ただアカサチウタキには、左手にも小道がついていて、その奥に大きな石が置かれていた。「秘祭種子取の廃絶過程」によると、かつて七タキに祠はなく、大きな丸石だけがあったというから、この石は祠以前の、神の依り代である聖石なのかもしれない。

こうしたウタキをめぐって歩いていると、何もない豊かさで心が満たされてゆくようだ。

座間味の村へ戻る途中、ダンボール箱を積んだ一輪車を押す老婆と一緒になった。並んで歩いていると彼女は、戦後サイパンから引き揚げ、紀州田辺でしばらく暮したあと、故郷阿真に戻ってきたのだと身上話をした。サイパンへゆく前は、座間味島のもう一つの離島屋嘉比《やかび》島に住んで、蟹掘りをして暮らしていたと、ダンボールの中味は大根で、那覇にいる子供たちのところへ送るのだと言った。

私が阿真の祭のことを訊くと、彼女は、村にはカミンチュ（神人）が三人おり、浜にはイビガナシが祀られていて、八月には盛大な海神祭がある、と答えてくれた。

村の大分近くまで来た時、後から来た車が私の横に止まり、若い女が窓から顔をのぞかせ、「お乗りになりませんか?」と言った。今朝会った教育委員会の人だった。

私は老婆と別れ、港まで送ってもらった。そして三時の那覇ゆきのフェリーに乗って島を去った。

第三章　御嶽と神社

御嶽の起源をめぐる定説

御嶽の遍歴を続けながら、私は、御嶽がいつごろ、何を起源として、どのようにして成り立ったのかという問題を、折にふれて、考え続けてきた。御嶽の信仰と祭祀に関する研究は多々あるけれども、この問題に正面切って向き合った研究は数少ない、と言うより皆無に近い。

御嶽とその信仰が古神道のありようを今に伝えているとは、今から一世紀近くも前、柳田国男がはじめて言い出したことである。実際、古代、神社に社殿がなかったとは、『万葉集』に社を「もり」と読ませていることからも知ることができる。

哭沢の神社《もり》に神酒《みわ》する祷祈《いの》れどもわご大君は高日知らしぬ（巻二）
神名火の磐瀬の社《もり》の呼子鳥いたくな鳴きそわが恋まさる（巻八）
山代の石田の社《もり》に心おそく手向したれや妹に逢ひ難き（巻十二）

『万葉集』だけではない。『日本書紀』天武九年（六八〇）九月の項には、次のような例がある。

「因りて大山位《たいせんのくらい》より以下《しものかた》の馬を長柄杜《ながらのもり》に看《みそなわ》す」

長柄杜とは、奈良県御所市に現存する式内社長柄神社のことだ。

古来社殿のない神社としては、大神《おおみわ》神社、春日大社、石上神宮などが知られているが、このような事実をおそらくはふまえ、柳田国男は次のように言う。これは大正九年（一九二〇）から十年にかけての彼の最初にして最後の沖縄旅行の帰途、久留米市中学明善校で行った講演の一節である。

「〔……〕もとは異国のごとく考えられたこの島〔沖縄〕の神道は、実は支那からの影響はいたって尠《すく》なく、仏法はなおもってこれに対して無勢力でありました。我々が大切に思う大和島根の今日の信仰から、中代の政治や文学の与えた感化と変動とを除き去ってみたならば、こうもあったろうかと思う節々が、いろいろあの島には保存せられてあります。必要なる片端だけを列挙しますならば、まず第一に女性ばかりが、御祭に仕えていたことであります。家の神が一族の神となり、次第に里の神・地方《じかた》の大神と、成長なされたらしきことであります。巫女を通じての神託によって、神の御本意と時々の御心持とを理解し、これに基づいて信心をしたことであります。神の御名は神御自らが託宣をもってこれを顕したまい、従って割拠の時世においては御嶽ごとにおのおの異なる神が出現され、諏訪八幡のごとき勧請分霊の沙汰のなかったことであります。八百万《やおよろず》と申していながら、『古事記』『日本書紀』の神代巻によって、神の御名を訂正しようとするがごとき、企てのなかったことであります。神は御祭の折のみに降りたもうものと信じていたことであります。神を社殿の中に御住ませ申さず、大和の三輪の山と同じように、天然の霊域を御嶽《おたけ》として尊敬していたことであります」(『海南小記』)

折口信夫は、大正十年三月、帰京した師の柳田国男から沖縄の話をきいて強い刺激を受け、その年の夏に早速沖縄へと旅立ち、大正十二年夏にも再訪、この時は宮古・八重山を経て、台湾にまで渡った。彼は昭和十年(一九三五)十二月に弟子の藤井春洋を伴って三度目の沖縄行を果している。彼はこれらの旅の見聞から「琉球の宗教」(大正十二年)、「沖縄に存する我が古代信仰の残孽」(大正十三年)を書いている。以下は、それぞれ後者の中の一節である。

「沖縄の宗教は、僧袋中の命けて、「琉球神道」と申し候とほり、我が国の固有信仰と全く同一系統に属するものに有之、神道の一分派或は寧ろ、其原始形式をある点まで、今日に存したるものと申す事を得べきものに御座候」

「神地として崇められ候は、御嶽《ヲタケ》・御拝《ヲガン》処に有之候。御嶽とは、森或は山の神聖なる地域にて、多くは影向降臨の地と考へられ居候。拝処は、井・岩窟・屋敷跡・城跡等の神秘感を催す地又は、歴史的の意味ある場所を申し候。此等の神地には、神人の外、深く内部に入る事を禁じ居候。かくの如きは、常に社殿を以て礼拝の対象とせる内地神道との差異の著しきものゝ様に相見え候へども、実は神道に於いても、古くは此様式の神地多かりしものにて、「みもろ」「かむなび」系統の神社は、社殿なきが原則なりし様に存ぜられ候」

文中「僧袋中」とは、沖縄に初めて浄土宗を将来した僧侶で、その著書『琉球神道記』（慶長五年、一六〇〇）で知られている。

柳田・折口両巨頭の符節を合したかのようなこの御嶽観は、以後ゆるぎない定説と遇せられるに至り、今のところこの定説に正面から異を唱えたむきは見当らない。実際この定説のおかげで、御嶽の起源と成り立ちに関する探究が、これ以上に進まなくなってしまっているという傾きさえ見られる。

私自身、ここに述べられている御嶽に関する所見に決して反対するものではない。ただ古神道がなぜ沖縄に残ったかの経緯が、とくに柳田の場合全く触れられていない点に問題があると思わずにはいられない。

柳田・折口説の矛盾

柳田の久留米市中学での講演筆記は、「阿遅摩佐の島」と題されているのだが、阿遅摩佐《アジマサ》とは、沖縄で神木とされている檳榔樹（コバ）のことで、この木のことがテーマとなっており、末尾に近く「まことに閑人の所業のように見えますが、かくのごとく永たらしく、コバとわが民族との親しみを説きますのも、畢竟はこのただ一つの点をもって、もと我々が南から来たということを、立証することができはしまいかと思うからであります」という一節がある。日本人が稲をたずさえて南から北上したという、彼が最晩年の『海上の道』まで唱え続けてきた主張がすでにここにはっきり現われているのだ。

彼は、沖縄学の師とも言うべき人物であり、『日本文化の南漸』（昭和十四年）を著わした伊波普猷に逆らってまで、日本人の北上説を唱え続けたわけだが、それと、御嶽のありようは古神道の面影を残すという彼の説との間には齟齬がある。神道は沖縄に生まれ、古代日本の神道はその影響を受けたことになるからである。

もし南から渡ってきた人々の一部が沖縄に残り、他は本土へ移ったとするならば、沖縄より南に神社、そしてウタキのもととなる信仰を探さねばならない。柳田国男は一時そういう努力をしていた様子である。

「Skeat の Malay Magic をよみ候に、マレー半島にて Kramat といふ一定の聖地あることを少しく記し有之候。これも容易に伝来を論ずるは誤れる速断ならんも、今日琉球にてオタケ（御嶽）、またはオガン（拝）所と称するもの、これとよく似たり」

これは、明治四十五年（一九一二）四月十二日付の南方熊楠宛ての書簡の一節だが、前出の「阿遅摩佐の島」の中の、御嶽について語っているくだりにも、「香炉の一点を除けば、他は悉くコドリングトンの、メラネシヤ誌などに在る写真などと同じ光景でありました」という一節があり、いずれもそうした柳田の努力の一端を示している。しかし彼は、こうした努力をやがて放棄してしまう。

晩年、貝塚茂樹の「中国古代史学の発展」に触発されて、彼は、日本人の南方からの渡来のきっかけとして、沖縄の島々に産する宝貝に注目し、中国にもいささか心を動かした模様だが、彼自身御嶽に関し、「実は支那からの影響はいたって尠なく」と書いている通りであった。彼は、おのれの御嶽＝古神道説と「海上の道」説との折合いを終生つけることができなかったと思われる。

一方の折口信夫は、日本文化の南漸説であった。肥後の佐敷に城を構えていた名和氏の一党が、南北朝の争いに敗れ、半ば倭寇と化して南下、沖縄本島南部の知念半島に上陸、そこで勢力をたくわえ、第一尚氏となって全沖縄を制覇し、故国の地名をとって知念半島の上陸地を佐敷と名づけたという主旨の「琉球国王の出自」(昭和十二年)という一文を書いたことは知られている。柳田国男は、「折口君は沖縄のために一生懸命に働いた人だが、この名和氏だけは困るという人が多い」（『故郷七十年』）と一蹴しているが、今日の沖縄史観を先どりしたものとして、谷川健一などに評価されている。

しかし御嶽と古神道の関係を考える上で、ここにも問題が生じる。佐敷から出た尚巴志が中山王武寧を討って父思紹を第一尚王統の初代の王としたのは、一四〇六年のことだ。

沖縄に古くから人の住んでいたことは、那覇から出土した三万二千年前の山下洞人の、南部の具志頭村（現、八重瀬町）から出土した一万八千年前の港川人の人骨から知ることができる。しかし本土が鉄と稲を知って、逸早く縄文時代の採集生活から抜け出し、弥生時代から古代へと発展していったのに対し、沖縄では、海浜での漁労、採集を主とする、貝塚時代と称する時代が長いこと続いた。農耕を基盤とした社会が生まれ、あちこちに村落が形成されるに至ったのは、グスク時代（十二〜十六世紀）からと考えられる。グスクは、城という字が宛てられるので、城郭と解されることが多いが、仲松弥秀は、グスクと呼ばれる土地を多く踏査した結果、それがかつての風葬地であったことを明らかにした。それは、ほとんど御嶽と同意でもあった。御嶽の誕生もまた、このころのことであったろう。

本土から人々が渡来した時期を折口説に従って十五世紀初めとするとしても、溯ってグスク時代の初めの十二世紀の初めとするとしても、その時伝えられたであろう神道は、柳田・折口の言う古神道とは、随分異なるものだったにちがいない。社殿一つとってみてもそうだ。

社殿の謎

神社にいつから社殿が設けられたかは、正確には分かっていない。上田正昭は、奈良県北葛城郡の、四世紀後半のものと考えられている佐味田宝塚古墳から出土した家屋文鏡に、社殿と推定されている建物が鋳出されているのを根拠に、四世紀前半説を唱える。

文献では、『日本書紀』斉明天皇五年（六五九）の条に「是歳《このとし》、出雲国造に命《おほ》せて、神の宮を修厳《つくりよそ》はしむ」

とある。この「神の宮」は、出雲大社ではなく、意宇郡の熊野大社とされる。続いて天武十年（六八一）正月十九日の条には「〔……〕畿内及び諸国に詔して、天社《あまつやしろ》地社《くにつやしろ》の神の宮を修理《おさめつく》らしむ」と記されている。以後、大同四年（八〇九）までの百余年の間に同様の詔が三度出ている。

このように、国が神社に対し、社殿を設けさせようとした理由はなんだったのであろうか？　いずれの詔にも理由が明記されていないため、推測するよりほかはないが、律令体制の完成をめざしていた時代であってみれば、全国の神社の管理を強化しようとする面が大きかったのはたしかである。

実際、激動する東アジアの情勢の中、いざという時にその力に頼らねばならない神々の住居が、建物一つのないただの森とあっては、いろいろ支障もあったであろう。

社殿の建立にあっては、仏教寺院の影響も大きかったと指摘するむきが多い。六世紀、日本に仏教が伝来するや、歴代の天皇や聖徳太子がその信者となり、次々と寺院が建立された。中にはきわめて宏壮なものもあった寺院に比べると、森や岩だけの神社は、施政者の眼に貧寒なものに映ったであろう。

女性たちが神社から次第に遠ざけられたのも、この管理体制のためであった。「〔……〕巫女は、豊かなシャーマン性のために、体制から排除されるようになる。時には自然界の魔術性を体現するシャーマンは、秩序体制にとって負《マイナス》に作用しかねなかったからである」と倉塚曄子は言う（『古代の女』）。そしてこのような女性排除の動きは、古代国家成立にむけての大転換期であった七世紀中葉（皇極期）にはじまる、と付け加える。柳田国男が「巫女考」で説くような多数の歩き巫女がこうして発生する。

このように環境が整備されていったにもかかわらず、社殿の建立は、なかなか着々とは進まなかった。同じ詔が繰り返し出ていることもその一つの証しであろう。その一半の理由は、神社の側の財政の問題であった（加瀬直弥『古代の神社と神職』他）が、もう一半は、御嶽の場合と同様、森は神の来遊する場所と信じられていて、その木を伐って社殿を建てることは神意にそむくと信じられていたからであった。

たとえば斉明天皇七年（六六一）、唐と新羅の連合軍から攻撃された百済を支援するため、援軍を送った際、天皇はその指揮をとるため、五月に朝倉橘広庭宮（現、福岡県朝倉市須川）に遷った。

「是の時に、朝倉社の木を斮《き》り除《はら》ひて、此の宮を作る故に、神忿《いか》りて殿を壊つ。亦、宮の中に鬼火見《あらは》れぬ。是に因りて、大舎人及び諸の近侍、病みて死《まか》れる者衆《おほ》し」

という結果に至った。同種の例はほかにもあり、また式内社の中には、社殿を建てたために落雷や火災に遭ったという言い伝えのある社がいくつかある。

時代が大分下って宝亀二年（七七一）二月十二日付の太政官符が『古事類苑』神祇部一に収録されているが、それによると、天下の諸社を大社、中社、小社の三つに分け、社の格に従って、屋根の檜皮葺きか板葺きの別、堅魚木、千木、鳥居の数・大きさなどをこまかく規定している。もうこの時代になると社殿は一般化していると考えてもいいだろう。

すでに述べたように、十二世紀以降、本土から入ってきた人々が、神道の信仰を沖縄に持ち込んだとするなら、それは古神道とは異なり、社殿のあるのを当然とする、今日の神社神道に近いものだったはずである。それが御嶽信仰のもととなったのであれば、なぜ今日に至るまで御嶽に社殿がないのであろうか？

沖縄には、御嶽とは別に、有名な波上宮を含む琉球八社をはじめ、多くの神社がある。これらは、いずれも近年の勧請で、鳥居、拝殿、本殿を持ち、本土の神社と少しも変わらない。

私たちは、御嶽と神社の関係をもう一度考え直す時期に来ているのではあるまいか？

私は、御嶽が神社と関係があるとしても、もう一つ、別に根があるのではないかという思いを捨て切れない。

第四章　貝の道

貝の道とは

御嶽に似た森だけの聖地は、本土の方にも、とくに西日本に多く存在する。北からあげてゆくならば、対馬の天道山、壱岐から佐賀地方、そして不知火海の沿岸にまでひろがるヤボサ、薩摩・大隅のモイドン、種子島のガロー山、トカラ列島の女神山、奄美諸島の神山……。これらは、九州の西岸、例の「貝の道」に沿って点在するのであり、九州東岸、大分や宮崎にこのような聖地が、まとまった形では見られないことからして、これは偶然の事実とは思われず、御嶽の起源を探ってゆく時、一考に値する。

一方、本州西部、日本海沿岸にも、山口県蓋井《ふたおい》島の森山、西石見の荒神森、若狭大島半島のニソの森が点在し、ここでも日本海岸にあって、瀬戸内海沿岸にないことが、やはり意味があると思われる。

これらの神の森は、大小も、ありようもさまざまだけれども、一つ共通しているのは、御嶽同様、社殿がないということである。対馬全土の大小の神社、天道山について記した沢田源八著の『対州神社誌』（貞享三年、一六八六）では、ほとんどすべての天道山について、それが聖性のあかしででもあるかのように、「社無之」、「神作社無之」と記している。

またこれらの森の木や木の枝を伐ることは御嶽同様、きびしく禁じられており、このタブーを犯した場合には天罰を受ける。森にみだりに入ることも許されず、天道山の有名な聖地浅藻の八丁角では、もし誤って踏み入ったなら、草履を頭にのせて、後さがりでそこから出なければならなかった。

ここで「貝の道」について少し敷衍しておこう。

朝鮮半島から対馬・壱岐、そして九州の西岸を経て、奄美・沖縄へ至る海路は、私たちの想像以上に早くから開けていたらしい。熊本県宇土市曽畑貝塚出土のものを型式とする縄文前期の曽畑式土器が、韓国釜山の東三洞貝塚と沖縄中部の読谷村《よみたん》渡具知《とぐち》東原《あがりばる》遺跡から、また、佐賀県腰岳産の黒曜石を用いた鏃《やじり》がやはり東三洞貝塚と沖縄県糸満市兼城《かねぐすく》の上原遺跡から出土しているからである（谷川健一『甦る海上の道・日本と琉球』）。

弥生時代の、北九州を中心とし、山陰から瀬戸内海沿岸地方にわたる遺跡から次々と大きな巻貝製の貝輪が出土した。木下尚子の『南島貝文化の研究——貝の道の考古学』によると、出土地は五十一ヶ所にのぼる。これらの貝輪は、主として腕輪などの装身具として好まれ用いられたらしい。素材となった貝殻は、長いこと日本近海産のものと考えられてきた。しかし一九六九年、九州大学医学部教授永井昌文によって、これらの貝が琉球以南の珊瑚礁海域でしかとれないゴホウラ、イモガイであることが確認された。これらの貝は、北九州の海商たちを仲立ちにして、沖縄から運び込まれたらしいことが分かり、こうしてその海路が「貝の道」と名づけられるに至ったのである。

貝の道を運ばれる南島の貝には、八世紀以降、さらにヤコウガイが加わる。やはり奄美以南の海域に棲む大型の巻貝で、貝殻が真珠母層なので、研磨すると美しい光沢を放ち、杯や匙などさまざまな工芸品に用いられ、奈良・平安時代の貴族層に喜ばれた。『枕草子』(十〜十一世紀)の中には、「公卿、殿上人、かはりがはり盃とりて、はてには屋久貝といふ物して飲みてたつ」の一節があり、屋久貝はヤコウガ

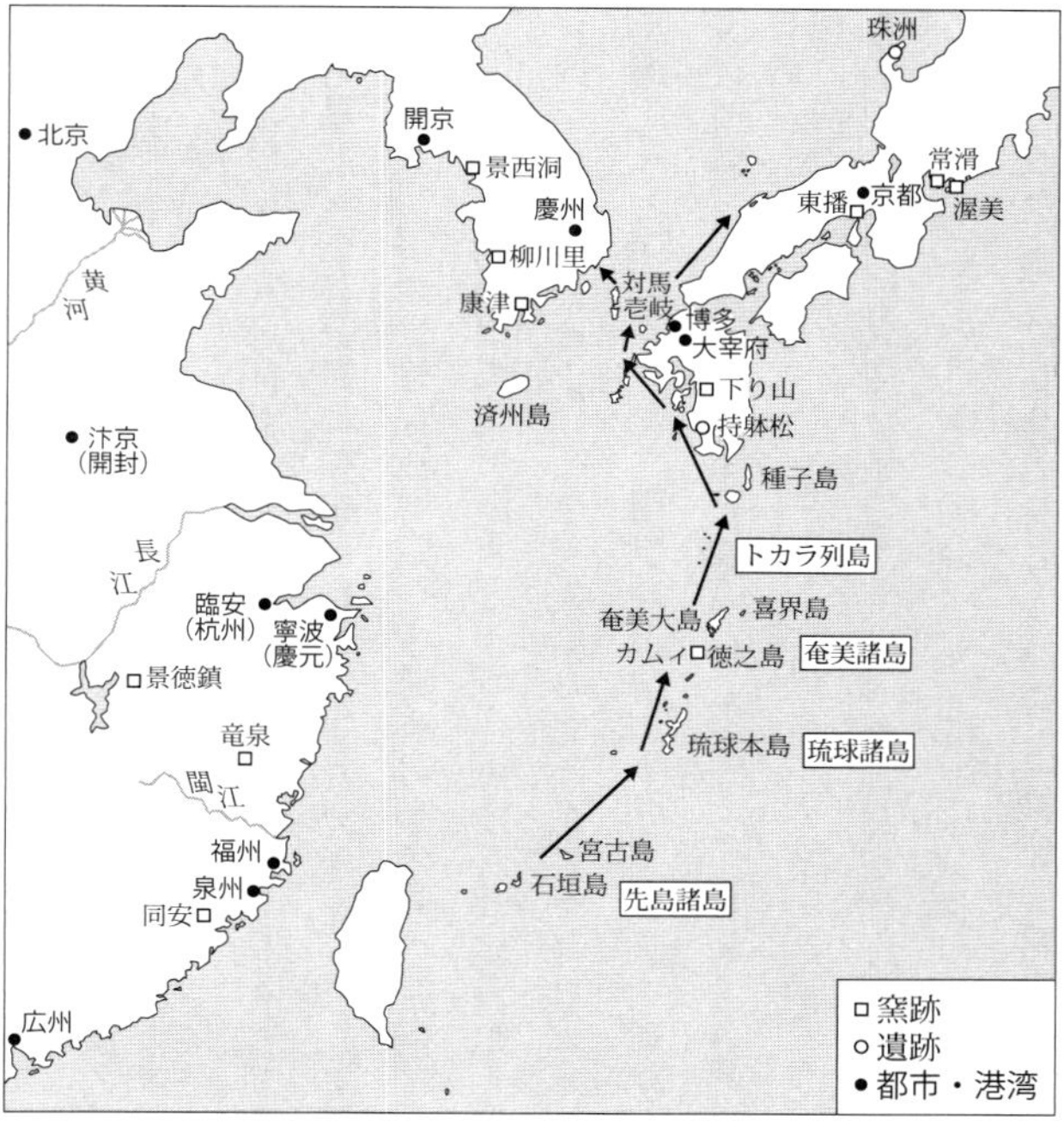
珠洲
北京
開京
景西洞
常滑
東播
京都
渥美
慶州
黄
河
柳川里
対馬
康津
壱岐
博多
大宰府
下り山
済州島
持躰松
汴京
(開封)
種子島
長
江
トカラ列島
臨安
(杭州)
寧波
(慶元)
奄美大島
喜界島
カムィ
徳之島
奄美諸島
景徳鎮
竜泉
琉球本島
琉球諸島
閩
江
福州
宮古島
泉州
石垣島
先島諸島
同安
広州
窯跡
遺跡
都市・港湾

貝の道

イとされている。さらに『新猿楽記』（平安後期）の中に出てくる八郎真人なる、北から南まで旅した商人の取り扱う商品の中にも「夜久貝」がある。

ただしヤコウガイが最も多く用いられたのは螺鈿の材料としてである。螺鈿は、日本には中国から伝わった工芸技術だが、その技術は日本でも開発されて大きな発展を見た。正倉院御物の中には、ヤコウガイを用いた和製の螺鈿製品が何点も存在しており、宇治平等院鳳凰堂、中尊寺の金色堂の装飾にも用いられた。中尊寺の場合、日本の北の果てまで厖大なヤコウガイが運ばれたわけである。

近年（一九九〇年代）、奄美大島の北部からヤコウガイの貝殻が多量に出土する遺跡が次々と発掘された。用見崎遺跡、土盛マツノト遺跡、万屋泉川遺跡、和野長浜金久遺跡、小湊フワガネク遺跡群（七～一〇世紀）である。ヤコウガイの貝殻は、おびただしい数で、「こどもの頭ほどの大きさがあるヤコウガイが密集して出土する様子は、一種異様な光景」であったと高梨修は言う（「ヤコウガイ交易」）。これらの貝殻は、従来の貝塚の場合のように中味が食べられたあと捨て去られた「食料残滓」ではなく、高梨修の言うように、「螺鈿原材に関係する集積遺跡」であることが詳細な分析の結果明らかとなった。

このようなヤコウガイ貝殻出土の遺跡は、沖縄でも、たとえば久米島において発見されている。

貝でつながれた文化圏

ところで南海貿易とも言うべき貿易活動の中心となったのは、ヤコウガイをはじめとする南海産の貝殻だったが、それだけではなかった。この地方に多く産する、経典などの軸、琴の脚、刀の柄、櫛として用いられた赤木、扇、蓑、笠、牛車の飾りなどとなった檳榔、硫黄鳥島の硫黄などもそれぞれの役割を担った。

一方北からもさまざまなものが入ってきた。「当時牧那港〔牧港〕ニ、倭商船、数多参リケルガ、過半ハ皆鉄ヲゾ積タリケル。彼男子〔察度王（一三二一～一三九六）〕、此鉄ヲバ、皆買取テケル」と『中山世鑑』にあるように、その最たるものは鉄であった。この鉄のおかげで、沖縄では長い間続いてきた採集生活に終止符が打たれ、農耕を基盤とする新しい社会が生まれ、グスク時代へ入っていったとは、前述の通りである。さらに長崎の西彼杵半島産の滑石製石鍋、徳之島で多量に焼かれたカムィヤキ陶器などの土器・陶器も先島まで運ばれ、沖縄人の日常生活に革命をひきおこし、それまで断絶していた本島と先島が結ばれて、一つの共通の文化圏を形成するに至った。

もちろん貝の道では、物だけでなく人も動いた。商人、海人、倭寇やそれに類する人たち、折口信夫が「琉球国王の出自」の中で書いたような南北朝の落武者たち……。沖縄へ渡ってグスク時代を築いた本土の人々もこの道を通ったのだ。

前述したように、貝の道は、すでに縄文時代から朝鮮半島に通じていた。ヤコウガイをはじめ南海産の貝は、朝鮮半島でも出土している。木下尚子「古代朝鮮・琉球交流試論——朝鮮半島における紀元一世紀から七世紀の大型巻貝使用製品の考古学的検討」によると、一九八〇年代以降、それらは以下のような遺跡から発掘されている。平安南道貞栢洞八号墓から一世紀のイモガイ、全羅南道造山古墳から六世紀前後のゴホウラ製品、慶尚南道礼安里七七号墳から四世紀後半のイモガイ製品、慶尚南道加音丁洞貝塚から三〜四世紀のイモガイ加工廃材、慶尚南道池山洞四四号墳からヤコウガイ製品などだ。これらの貝の大方は九州海人を介して入手されたものであろうと考えられている。朝鮮半島南部の海人たちが直接入手した可能性も否定されていない。

一方、かつての新羅の都慶州の有名な古墳からイモガイ製の馬具が次々と発見された。二、三例をあげるならば、皇南大塚南墳（五世紀半ば〜後半、飾金具七点）、金冠塚（五世紀末〜六世紀初頭、飾金具六点）、天馬塚（六世紀初頭、辻金具六点、雲珠四点）、金鈴塚（六世紀初頭、辻金具七点、雲珠一点）といった風だ。

このような事実をふまえて、木下尚子は次のように言う。

「イモガイを馬具に使用する習俗は新羅王族に始まり、その後新羅領域に拡散したといえる」

これらのイモガイは、九州の豪族を介して供給された琉球列島産貝であった可能性がきわめて高いとされる。なおこの流行は、六世紀に日本に達し、七世紀に至るまで列島内で盛行した。

神の森と御嶽の関係

貝の道では、人や物だけでなく、神の森まで動いたのではないか、と思われる。本章の冒頭に列挙した神の森が、いずれも貝の道に沿う九州の西岸から奄美諸島にかけて点在し、九州東岸にこのようなまとまった神の森がないこととあわせて、これらの森を奉ずる人々が南下して、それぞれの地に住み着いたのではないかという可能性へと人の心を誘ってやまないのだ。

これらの森について若干説明しておくと、まず対馬の天道山は、天道法師を祀る聖地とされている。天武天皇十三年（六八四）、対馬の南端、豆酘《つつ》郡内院村の一女が、日光に感じて男子を生んだ。天道と名づけられたこの子は、性聡明俊敏、長ずるに及んで僧となり、巫術にすぐれ、その名声は都にまできこえていた。霊亀二年（七一六）、元正天皇不予の折、都まで飛翔、祈禱によって天皇を治し、褒美として対馬の年貢を許された。帰島の際、行基上人を誘い、上人は島に滞在中、六体の観音像を刻んだ。これが今でも豆酘や佐護の観音堂に安置されている六観音である。天

天道山

天道法師の祠

道法師は、やがて豆酘の卒土山で入定した。

天道地、天道茂と呼ばれる天道法師ゆかりの地は、彼の入定の地とされる豆酘浅藻の八丁角をはじめ、どこも鬱蒼とした原始林で、寺などはなく、仏教の匂いは全くしない。中古、島の原始信仰に、密教系の僧侶や修験者が、天道法師の伝説を付会したのだと考えられている。

ヤブサは、最も広い範囲にわたって祀られているが、「〔……〕数は多いけれども皆社格低く、其大部分は淫祠叢社の類を出ない」（山口麻太郎「壹岐に於けるヤボサ神の研究」）とあるように大きな森は少なく、大部分は畠の中の小さな叢社、といったありようである。ヤブサについては、後にもう一度触れるつもりなので、ここではこれだけにしておきたい。

薩摩・大隅のモイドンは、モイが森、ドンは西郷ドンのドンで、森殿、森様という意味であり、森そのものを祀る聖地であることは明らかだ。祀るのは、村、または門《かど》と呼ばれる、藩制以来の農民の同族集団で、一年に一度、木の根元に幣を立て、供物をして祈る、といった程度の祭をする。森の木を伐ったり、枝を折ったりする

モイドン（指宿市道上）

同上

とおそろしい祟りがあると例外なく信じられていて、ふだん人々はモイドンにめったに近づかない。モイドンは、墓地に近接していたり、森の中に古い墓石や五輪塔のある例が多く、墓地、葬地との関係が取沙汰されている。現在鹿児島県だけで、百ヶ所以上のモイドンが確認されている。

種子島のほぼ全域に見られるガロー山のガローとは、伽藍、或いは伽藍の地を守護する伽藍神のことで、八世紀、種子島に仏教が入った際、従来からの森の聖地に伽藍神の名が用いられたのだという。といっても、天道山の場合同様、ガロー山に寺院はなく、また全く仏教の匂いはしない。人家に近い田の脇や山裾などに茂る、タブ、アコー、蘇鉄などの森である。開拓祖を祀るとも、田の神であるとも言われ、泉の水源林ともなっているところも多く、カワの神でもある。泉の神だけに不浄を嫌い、モイドンなどとは違って死穢を嫌い、女子禁制でもある。

ガロー山の神は、同族団の信仰の対象で、一門の本家の当主が、代々世襲で司祭役を務めている。私はかつて種子島でいくつかガロー山を見たが、その一つはそうした旧家の祀るもので、当主の許しを得て、中に入れてもらった。屋敷の裏手から、一本の細い道が森の中へと通じている。森は思ったより深く、枝葉が茂り合って先が見通せず、森に囚われてしまったかのようだ。あまり人が立ち入らない模様で、道には草が生え、時にはかきわけなければならないほどだった。しばらくゆくと、わずかな空き地に出た。神木と思われる一本のタブの巨木の根元に最近のものらしいシデや洗米が散らばっていた。伐られて跡形もなくなっていたガローや、民宿――民宿ガロー！――の駐車場と化していたガローを見てきたが、ここではガローはあきらかに生きて、祀られていたので、心強く思ったことをおぼえている。しかしそれも一昔前のことなので、今はどうなっているか分からない。

これらの神の森の研究者、調査者が揃って御嶽との関係を口にしているのは興味深い。たとえば『対馬の神道』の著者鈴木棠三は、

「〔……〕対馬の神社の多くがいわゆる神籬磐境《ひもろぎいわさか》式であることで、今後琉球神道などとの比較によって、興味ある結論にまで導かれるのではないかと思われる。対馬島内各地に多い茂《しげ》地というのは、琉球のオタケに相当するものの如く思う」

モイドン研究の第一人者小野重朗は、かつて首里に住んでいたことがあり、首里城の御嶽首里森（別名真玉森）のあたりをよく散歩したという。後年モイドン研究に入ってからのことだ。

「指宿の中崎門のモイドンのビロウの下で、私はこの首里森をゆくりなくも思い出したのである。この目の前のモイドンは首里森と較べるにはあまりに神秘感にとぼしいが、沖縄の森と指宿のモイドンの間に血のつながりがあることだけは直感することができたのである」

ヤボサ、ヤブサと薮薩御嶽との関係については、谷川健一も言及しているが、吉成直樹・福寛美共著の『琉球王国と倭寇』（二〇〇六）の中には次の一節がある。

「〔……〕この石鍋の出土する玉城には「薮薩の浦原」という大聖地帯が存在しているが、この「ヤブサツ」が、九州西海岸から壱岐にかけての地域にみられる聖地である「やぶさ」「やぼさ」と深い繋がりがある〔……〕。これらの事実は、石鍋、鉄器などをもたらした集団が、「ヤブサツ」の聖地をもたらしたのではないかということを示唆する」

ヤボサと藪薩

ここで、これまで述べてきた神の森と御嶽の関係が、一番あきらかにあらわれているこのヤボサと藪薩の御嶽について少し詳しく書いておこう。

ヤボサは、一番ひろく分布している神の森だが、それについては分からぬことが多い。まずヤブサ、またはヤボサという名前だ。ヤブやヤボに藪の字を宛てる場合が多く、サを霊として藪に住む霊の意とする。一方この聖地を管理するイチジョウと呼ばれる法者《ほさ》が矢祭を行うところからして矢法者から来たのであろうとする意見もあり、矢保佐、矢房などと表記されるヤボサの多いことは事実である。祭神は、イチジョウの影響であろうが、大国主命、大己貴命、素盞嗚命など出雲系の神の名が圧倒的に多い。折口信夫はヤボサについて、「壱岐に数多いやぼさは元古墓で、祖霊のゐる處と考へてゐたのが、陰陽師の役霊として利用せられる様になつたり、其もとが段々、忘却せられて来たのだらう」（「雪の島」）と書く。中山太郎も「是〔ヤブサ〕は古い墓の跡が聖地化したものである」と言う（山口麻太郎「壹岐に於けるヤボサ神の研究」)。鈴木棠三は、その祭祀地として一、独立した小森、二、独立した高所の小藪、三、大松の下、四、人家の背戸の山、五、人居の門口の五つをあげている。

個人で祀る場合も、村で祀る場合もあるようだが、多くは地縁・血縁の小さな集団で祀ることが多い。祭日は決まっているが、祭は、イチジョウが来て弓祈禱をするほか、とくに変わったところはない。

私は、第二章で、創世神アマミクが天から下り、沖縄本島に次々と作った八つの御嶽を『中山世鑑』に従って列挙したが、藪薩御嶽はその中の一つである。但し藪薩御嶽ではなく、藪薩浦原として出てくる。沖縄本島東南部、知念半島玉城村百名の海岸には、アマミキョがニライ・カナイからやって来て最初に上陸したとされるヤハラヅカサ——浜から少し沖合にある珊瑚礁の岩、しばらく洞窟に籠って暮らしたと伝える浜川御嶽、最初に稲が植えられたという二つの泉、受水《うきんじゅ》、走水《はいんじゅ》、その最初の居住地ミントングスクなどの聖地群をそう呼ぶのだが、藪薩御嶽は中心に位置する。海岸に接した高さ六十メートルほどの丘の上にあり、丘の斜面はかつての

浜川御嶽

浜川御嶽の受水・走水

崖葬地帯であった。

ヤボサと藪薩御嶽との関係は早くから云々されていたようである。鈴木棠三は昭和十六年（一九四一）の「ヤブサ考」の中で、「〔……〕中山太郎氏が伊波普猷氏の説として、琉球には藪佐と書いた地名が多いということを巫女史に記されているが、筆者としては、その実例を多く挙げ得ない故に、琉球国由来記に、玉城間切のヤブサツノ嶽が見えるのを挙げるに止める」と書いているからである。

この関係を最初に断定したのは谷川健一である。例の折口信夫の著名な論文について書かれた、「「琉球国王の出自」をめぐって」（一九七八）の中には次の一節がある。

「東方《あがりかた》四間切とよばれる佐敷、知念、玉城、大里の村々は第一尚氏の根拠地であるが、そこは日本本土との関係の深いところであった。たとえば、玉城村の百名の海岸には、アマミキョが作ったと称するヤブサツ（藪薩）の御嶽がある。壹岐、対馬から薩摩にかけての九州西海岸ぞいに、ヤボサとかヤブサと呼ばれる森があって、そこは聖地としてあがめられている。ヤブサツはヤボサ、ヤブサとおなじである。それだけでも、ヤマトと沖縄の交渉をうかがうに足りる」

ヤブサと藪薩御嶽の共通点は、ヤブサ、ヤボサとヤブサッという名前、社殿のない森だけの聖地ということだけだろうか？　私は、ヤボサが古墓だという説を記した。ところで第一章で述べたように、御嶽も墓、或いはかつての葬地であったとされている。そうであれば、藪薩御嶽の位置する丘の斜面が、かつての崖葬地帯であったということは無視できない。

藪薩御嶽の森は思いのほか大きく、しかも中には二つの拝所がある。一つは入口から二、三十メートルいったところにあり、木立の中の小さな広場には古びた香炉が置かれている。ここで祀られている神は、ムメギヨラタナリであり、この名は、「海上から眺めた御嶽の尾根の美しさをたたえたものであるといわれる」（『沖縄の聖地』）。

この最初の拝所から森の中の細い道をしばらくゆくと、一番奥に石でコの字にかこんだ囲い地の中に二番目の拝所がある。神名はタマガイクマガイで、崖葬古墓群から事あるごとに予兆を示すタマガイが上がったから命名されたのであろうとされ

藪薩御嶽（写真／長見有方）

ている。

こうして見てくると、仲村渠クルクと呼ばれる崖葬地と藪薩御嶽が無関係などということはあり得ない。この御嶽は、崖葬地に葬られた人々のために設けられたとさえ言えるだろう。

突き当たりの森は明るみ、木々の間から海の青がのぞいている。私は森を抜け、崖葬地を見おろす崖の上に立った。彼方の水平線には久高島の島影が望まれる。琉球の歴代の国王は、旧暦四月の稲のミシキョマ（初穂儀礼）に聞得大君らを伴って藪薩の浦原を訪れ、この御嶽にも詣ったという。藪薩御嶽は、斎場御嶽同様、久高島へのお通しでもあったのかもしれない。

倭寇と琉球

吉成直樹・福寛美『琉球王国と倭寇』では、ヤブサツの信仰を琉球に伝えた人々は、石鍋や鉄器をもたらした人々、倭寇だと論じられている。倭寇が琉球王国の成立に或る役割を果たしたであろうとは、すでに折口信夫が「琉球国王の出自」の中で述べていることだ。「所謂倭寇なるものが、真の海賊衆の形を整へるに到る間に久しく、色々な姿で大陸及び海南諸島に現れたに違ひない。さうした群のあるものが、偶然の成功によって、永住の企てをするものもあったらうと言ふことは考へられる」

この折口説を強く支持した谷川健一は、「このように日本から南下した人たちがあったことは否定すべくもない。彼らは沖縄に決定的に不足している鉄器をもって、沖縄本島の東南部の知念半島に支配勢力をうちたてた。そうして八幡信仰をもたらし、それが第一尚氏の信仰として伝わった。この八幡信仰が為朝の末裔を名乗る人たちのもたらしたものであったか、もしくは、八幡大菩薩の旗を押し立てた八幡船に乗る倭寇のものであったかはたしかめる術はない」（「琉球国王の出自」をめぐって」）と書く。

『琉球王国と倭寇』の著者たちは、次著『琉球王国誕生』において、倭寇に手を焼いた明が、倭寇の受け皿とするため貿易において琉球を優遇し、その結果、琉球は倭寇と一体化するまでに至ったとする。

琉球と倭寇については、宮古生まれの歴史家稲村賢敷の古典的な名著『琉球諸島における倭寇史蹟の研究』が昭和三十二年に出ている。この本と、その舞台である宮古島の砂川村については第二章に触れておいた。

このような倭寇遺跡は、宮古島だけでなく、沖縄全域に見られる。倭寇と琉球の関係は、琉球史を考える上で逸することはできない問題である。

ところで、倭寇が必ずしも倭人だけの集団でなかったことは、さまざまな文献から明らかになり、今日では常識とさえなっている。後期倭寇に関して言えば、中国人だけの倭寇もあったようだ。

「臣聞く、「前朝〔高麗〕の季、倭寇興行し、民聊生せず。然るに其間倭人は一、二に過ぎずして、本国の民、仮に倭服を着して、党を成し乱を作す」と」

これは、『李朝実録』の一節である。実際、たとえば済州島に倭寇の基地があり、島の多くの人々が倭寇に加わっていたことは、まぎれもない事実だ。

こういう次第で、貝の道を往来した人々の中には、かなり多くの朝鮮半島の人々がいたことはたしかだ。ヤコウガイをはじめ南島産の貝製品が半島南部の遺跡からしばしば出土することについては前述したが、近年徳之島でその大規模な窯跡が発見されて評判になったカムィヤキは、高麗陶器と深いかかわりがあり、高麗の陶工が関与した可能性が高いと言われる。

首里城正殿に一四五八年にかけられたという「万国津梁鐘」には次の銘文が刻まれている。

「琉球国者南海勝地而鍾三韓之秀以大明為輔車以日域為唇歯在此二中間湧出之蓬萊嶋也」（琉球国は南海の勝地にして三韓の秀を鍾《あつ》め、大明を以て輔車と為し日域を以て唇歯《しんし》と為す。此の二の中間に在りて湧出せる蓬萊島なり）

三韓とは、新羅、高句麗、百済の総称で即ち朝鮮ということだ。このように琉球人自体が、朝鮮から大きな影響を受けていることを認めているのである。

御嶽の成り立ちの筋道は、いくらかついてきたように思うけれど、たとえばヤボサが藪薩御嶽となったのはいつごろのことだったのであろうか？

御嶽の創祀の年代を示す文献は、ほとんどないと言っていい。沖縄の延喜式に当たる『琉球国由来記』（一七一三）は、琉球全土の七百七十二ヶ所の御嶽をかかげ、その所在地、嶽名神名を記し、時にはその由来、祭祀について記しているが、その由来の中で、創祀の年代、或いは時代についてほとんど触れていない。手がかりとなる言葉から推測しても、王朝時代を溯る例は皆無だ。

神社などに比べれば、考古学上の資料もきわめて少ない。御嶽は、いまだに篤い信仰にかこまれているところが多く、社域の発掘などは言語道断なのだ。それでも若干の例はあり、管見の範囲で、そのいくつかをあげてみよう。

たとえば首里崎山町にある崎山御嶽遺跡。察度王（一三五〇〜一三九五在位）の子崎山子の屋敷跡と言われ、昭和三十五年（一九六〇）の発掘によって、いずれも察度王時代（一三五〇〜一四〇五）に比定される多数の大和系古瓦が出土した（『角川日本地名大辞典47　沖縄県』）。

本島南部、大里村（現、南城市）の稲福遺跡は、稲福上御願《かみうがん》と呼ばれる拝所を中心にいくつかの拝所が分布している聖域で、昭和五十六年（一九八一）にここからグスク系土器、十三世紀末〜十四世紀のものである多数の中国製輸入陶磁器が、また渡名喜島集落の北側の丘の上にある拝所からも十二世紀以降の中国の陶磁器、グスク土器が出ている（『日本の古代遺跡』47）。

先島へゆくと、宮古島宮国元島遺跡では、拝所を中心に広い範囲で、十五〜十七世紀のものとされる中国の陶磁器、宮古式土器が、石垣島の平得仲本御嶽遺跡では、昭和五十年に、十五〜十六世紀の外来の陶磁器、八重山式土器が発掘されている（『日本の古代遺跡』47）。

このような発掘された資料をふまえても、次の仲松弥秀の意見が至当であろう。「御嶽に祖霊神が祀られるようになったのは、定住集団共同社会において、いわば農耕に重点がおかれるようになった時代からと考えられる」（『神と村』）即ちグスク時代（十二〜十六世紀）以降ということだ。

第五章　済州島

聖なる森の系譜

天道山、ヤボサ以下の神の森の系譜が沖縄まで辿れることは或る程度確かめ得たけれども、それでは北はどうなのか？　北とはもちろん朝鮮半島である。貝の道が縄文時代から半島まで通じていたのだから、神の森の系譜も北まで辿ることができるのではあるまいか？

実際、系譜の一番北に位置する対馬の天道山が、半島の影響を受けているとは、早くから何人もの人たちが指摘している。たとえば、大正八年（一九一九）にこの地を訪れ、その見聞を『中世に於ける社寺と社会との関係』（大正十五年）の中に記して、天道山信仰の名高い聖地浅藻の八丁角の存在を人々に知らせた平泉澄は、この聖地がその麓にある竜良山が一名卒土《そと》山、八丁角のあたりが卒土の内、浅藻の浜が卒土の浜と呼ばれていることに着目し、この聖地を、古代朝鮮に存在した蘇塗《そと》と称するアジールに類するものであろう、とした。実際、室町時代の中ごろに来朝した韓国人申叔舟の『海東諸国紀』の中に、天道地に関し、そこに逃げ入った者は罪人であろうと「不㆓敢追捕㆒」と記されているのである。

八丁角には、天道法師の墓と伝える累石壇がある。板石をピラミッド状に積み上げたもので、その上には小さな石の祠がのっている。三品彰英は、「朝鮮の神樹の下にある神壇との相似」について指摘し、金達寿も、この累石壇について、「これは子供のころに朝鮮で見ていたもの」（『日本の渡来文化』）と言う。私自身、韓国の地方を歩いていて、あちこちで同様の累石壇を見かけた。

韓国の学者任東権は、『韓日民俗文化の比較研究』の中で天道信仰をとりあげ、蘇塗と卒土について、「古代において民族の移動とともに、彼らによって信仰である蘇塗がもちこまれ、天道として定着したものと思われる」と書く。彼は、韓国に面した対馬の西岸に主たる天道山が集中していること、堂山《たんさん》を思わせる壇山という山――カズエノ壇山、野田ノ壇山など――の多いことを、自説を裏書きするものとしてあげている。なお堂《タン》とは、朝鮮の村々において、神社や御嶽に相当する聖地であり、堂山とはその山である。

対馬の北端に佇めば、釜山のあたりが望見でき、戦前人々は、福岡より釜山へ買物に出かけたというのだから、任東権説は十分にあり得ることと思われる。

堂は、かつては朝鮮のどの村にも一つは必ずあったものらしいが、李朝五百年の儒教体制、近年は朴大統領治下でのセマウル（新しき村）運動という近代化運動、さらにはキリスト教の異常なまでの普及によって、激減しているようだ。しかも堂に神木が伴うことは常例と言っていいが、森や林そのものが祀られることはなく、それらを伴う例も少ない。

朴桂弘の大著『韓国の村祭り』（昭和五十七年）を見ると、韓国全土にわたって百十六ヶ所の事例があげられているが、神木が神体や祭場の標識となっている場合こそ数多いけれど、森や林となると、神体にも祭場の標識にもなっていない。森や林の中に社殿や祭壇が設けられている堂はあるが、森や林に特別な意味はなさそうである。

韓半島は、地域によって差はあるけれども、日本に比べ、概して乾燥した地帯で、森林の繁茂に適した湿潤さがない。韓半島の大方は山岳地帯であって、従って森も多いが、深く繁茂した森は少なく、禿山も目立つ。その住民は、日本人に比べ、森に対する親密感が薄いように思われる。たとえば金瑛宇著『森と韓国文化』の中には次のような一節がある。

「〔……〕韓国人は概して、樹木という個体としての木に多く関心を持っているのではなかろうか？　それゆえに、古い巨木や天然記念物に指定された木を保護するには熱心であるのに、苦労して緑化させた韓国の森林を上手に育てることには為政者や国民たちが吝嗇なのではなかろうか？」

こんなところから、私は、韓半島の神の森に関しては、あまり大きな期待は持っていなかった。

韓半島に森だけの聖地を求めて、文献の中での摸索を繰り返していた或る日のこと、私は、古本屋で手に入れた『済州島古代文化の謎』という本を読むともなしにひもといていて、挿入された一枚の写真に眼をとめた。それは、畑の中のこんもりと茂った小さな森で、堂の森だという。

「今もそれぞれの村には神堂があるが、これを〝堂《ダン》〟〝本郷堂《ポンヒャンダン》〟〝ハルマンダン〟などと呼んでいる。堂の形態は建物なのはごく少なく、大部分は神木の前に祭壇を作り、石垣で囲んで置くのが一般的である」

と、本の中にはある。「建物なのは少なく」という点に、私は御嶽との一致を見出した。これは、私が探しあぐねていた森だけの聖地かもしれなかった。調べてみて、済州島では堂信仰がさかんであることを知った。

私は、済州島ゆきを決め、ハングル文字くらい読めないと具合が悪いと思い、近くの外語学校へ通って韓国語を少々習い、十六年ほど前の仲秋の一日、成田から済州島へと旅立った。飛行時間は二時間、沖縄より近い。

済州島の堂の森のことは、すでに『原始の神社をもとめて』の中で書いているが、その発見は私にとって、波照間島での御嶽の発見と同じくらい重要であり、また、本書のテーマを辿る上でも不可欠なので、以下繰り返しの個所が出てくることをお許しいただきたい。

済州島の堂をたずねて

済州島は、面積千八百四十平方キロ、人口約四十六万人（一九八〇）、韓国最大で、最南の島である。東西に長い楕円形の島で、中央に標高千九百五十メートルの休火山漢拏山《ハンラ》がそびえ、北側に済州市、南側に西帰浦《ソギッポ》市という二つの市があり、済州市がいわば表玄関で、こちらに空港も、釜山、麗水、木浦《モッポ》などと結ぶフェリーの出る港もある。私は、南から見て歩こうと考え、西帰浦のホテルに宿をとった。

空港から西帰浦へ向うリムジンバスは、漢拏山麓の草原地帯を約一時間、ひたすらに走り続けた。済州島は概して明るい島だが、西帰浦まで来ると、いかにも南国という感じだった。ホテルの七階の部屋からは眼下には輝く濃青の海、右手遥かには、このあたりの観光スポットである、断崖から海に落ちる滝、天地淵瀑布《チョンジヨンポッポ》が見えた。

ひと休みしたあと、私は滝を見に出かけた。入口に案内所があり、係の人は、私が日本人だと知るや、日本語のできるガイドがいるからと言って、奥へ入っていっ

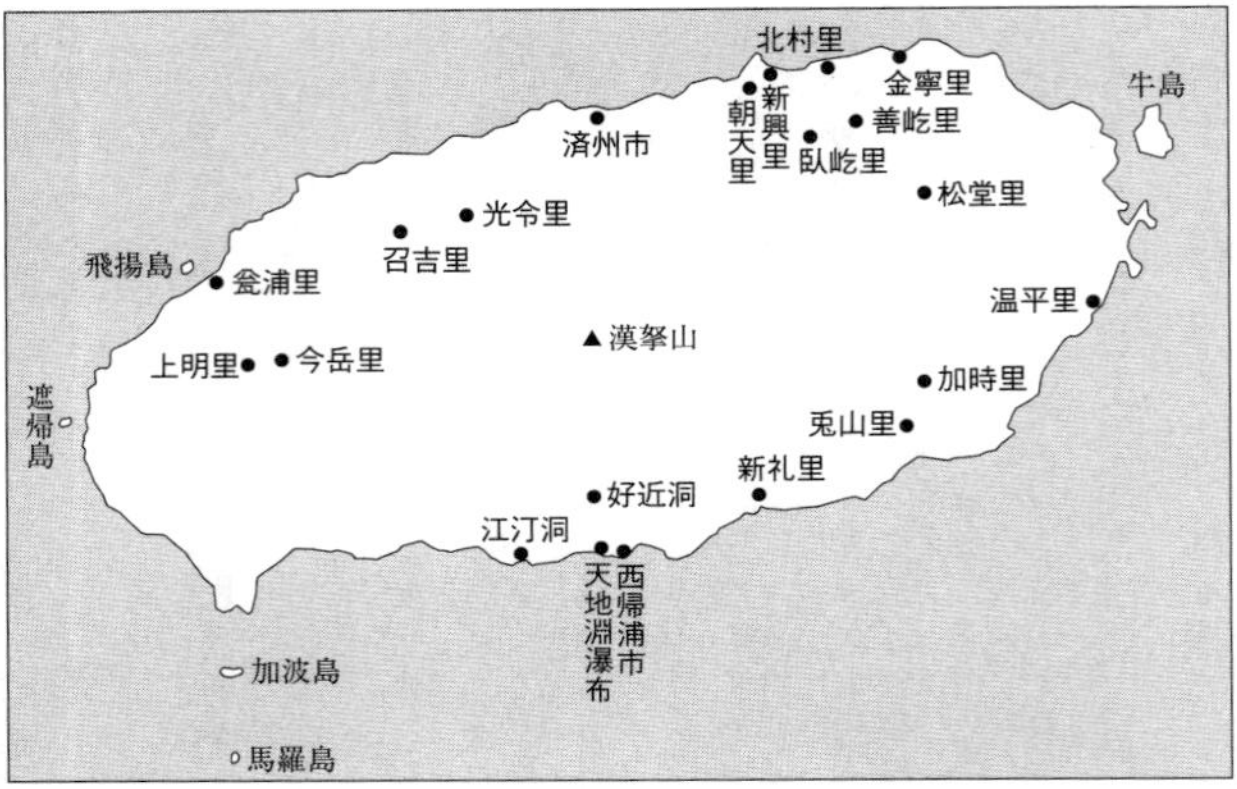

済州島

た。やがて出てきたのは、小柄で明るい表情の若い女性呉政恩さんだった。滝への道すがら、彼女は、済州大学の日本語学科の卒業生だと言った。日本へは旅行で一度行ったきりだというのに、その日本語はみごとなものだった。栴檀は双葉より芳し、などという諺を知っていて、以前日本人の夫婦を案内している時使ったら、どういう意味だと訊かれて驚いた、などという話をした。

　済州島に何しに来たのだと訊くので、堂を見たいと思っているのだと答えると、そんな日本人は初めてだと言い、自分も堂には興味があるから、堂めぐりをするなら連れていってほしいと申し出てきた。土地に不案内で韓国語もろくにできない私にとって、これはまさに勿怪の幸いだった。彼女は、以後十六年にわたる私の堂めぐりに、いつも東道役を買ってくれたし、『済州島の堂信仰研究』の著者文武秉をはじめとして何人もの堂の研究者を紹介してくれたし、堂に関する文献を教えてくれたり、新しい研究のコピーを恵与もしてくれた。呉さんに会わなかったら、済州島の堂に関する私の経験も知識も、今よりははるかに貧しいものになっていたにちがいない。

翌日の午前十時ころ、呉さんは、幼友達だという運転手氏の運転するタクシーに乗って、ホテルまで迎えに来てくれた。

私が最初に見た堂は、西帰浦市の西郊、好近洞《ホグンドン》という村のはずれにある蜜柑畑の中の堂だった。因みに蜜柑はこの島の名産で、韓国では蜜柑は済州島でしかとれないという。そういえば、今朝も中年の男が、小型トラックに蜜柑を山と積んでホテルの玄関に売りに来ていたものだった。

堂には、門や鳥居に類するものは何もなく、車が一台通れるほどの狭い農道から

好近洞

いきなり堂の中に入る。そこには、幹の黒ずんだ榎の古木が四、五本枝をさしかわし合っている小さな森と祭壇代わりの大きな岩だけで、堂社らしきものは祠さえもない。その後島の多くの堂を訪ねてみて、このようなありようが一般的であるのを知った。

ここでは、御嶽の場合と同様、森を神が下りて遊ぶ場所と心得、祠堂の類を神と直接向き合うのを妨げるものとして忌む心性が支配しているように思われた。

蜜柑の匂いが仄かにする静寂の中に立ち、神の訪れでもあるかのように微かに揺れている榎の葉むらを見ていると、波照間島の御嶽で感じたのと同じ感動に心を打たれた。御嶽とこの堂の間にはたしかに通い合うものがある——この時からすでに十六年も経っているのに、その思いは今も変わらない。

大きな岩の上には、蠟燭立て、盃、焼酎の瓶などが置かれていて、現在も村の人々によって祭が続けられていることを示している。

枝に結び付けられたムルセク

岩の左手に茂る榎の下枝には、赤や青の色鮮やかな布切れがいくつも結び付けられている。물색《ムルセク》（物色）と言い、神に捧げた衣裳をあらわし、女神を祀る堂でしか見られない、と呉さんが教えてくれる。この堂は、漢拏山から湧出し

た男神とその娘を祀っているのである。

なお天から神が下りてくる韓半島とは違って、済州島では、神は地中から現われる。島の創世神話がそうだ。『高麗史』には次のように記されている。漢拏山の麓の地から良乙那、高乙那、夫乙那という三神が湧出した。彼らは山野で鳥獣を追い、毛皮を着て暮らしていた。或る日東海《トンヘ》の浜に石の箱が流れ着き、中から青い服を着た三人の処女と仔馬、仔牛、五穀の種などが現われた。付き添っていた使者は、この三人の処女は日本国の王女であり、この島の三神が配偶者がなくて建国できない由を日本国王が知り、その命によって連れてきたと言うや、雲に乗って立ち去った。三神はこの三人の処女と結婚し、島を三つに分け、日本国王から与えられた五穀の種を蒔き、馬と牛を飼い、建国を果した。

この三神が湧出したと伝える三つの穴が、三姓穴《サムソンピョル》と称して済州市の中心部にあり、観光名所になっていて、年に一度、三神の子孫が集まって祭をするという。この神話は、済州島と日本との関係を示していて、興味深い。

済州島・琉球・倭寇

なお地中から湧出する神の神話は、沖縄にも見られる。湧上元雄の『沖縄民俗文化論』の中に次の一節がある。

「『宮古島旧記』の「御嶽由来記」（一七〇五）に、木荘神〔男神〕と草荘神〔女神〕が土中より化生したとあるように、先島では神々の地中出現の神話モチーフも多く見られる」

地中から神が湧出するという神話は、あきらかに南方系だ。ここでもまた済州島と沖縄は結びつく。

「済州の漂泊の人、東風の掣する〔ひっぱる〕所と為れば、即ち必ず中原の福建の地界に至る。東北風の駆くる所と為り、少しく迤して〔斜めにゆく〕南すれば、則ち必ず琉球に泊す」

と『李朝実録』中宗三十九年（一五四四）の項にあるように、古来から済州人が琉球に漂着した例は多く、とりわけ伊波普猷が「朝鮮人の漂流記に現れた十五世紀末の南島」(昭和二年)に書いた例はよく知られている。成宗八年(一四七七)、献上品の蜜柑を積んで朝鮮本土へ向った済州島の使節の一行が台風にあって難破し、三人だけが板にすがって漂流、与那国島の漁船に助けられ、隣の島へと次々に送られ、一年半近くかかって帰国、彼らの見聞が珍重されて、『李朝実録』に残されたのである。

この逆も真で、琉球の人々もしばしば済州島に漂着した。『李朝実録』の光海君三年(一六一一)の項には、多くの富を満載した琉球の船がたまたま済州島に到着いたのを知った牧使(地方長官)は、ひそかに船を襲って人々を殺しその積み荷をうばったと記されている。以後済州人はその復讐をおそれ、琉球に漂着した時、その出身地を詐称したという(六反田豊「朝鮮後期済州島漂流民の出身地詐称」)。済州—琉球間の漂流・漂着はきわめて頻繁で、大分後のことではあるが、正祖王はその十八年(一七九四)、済州島の牧使に命じ、島に琉球語の学習所を設置させたほどであった。

ここで済州島と倭寇の関係について一言しなければならない。

それまで耽羅という独立国だった済州島は、高麗の粛宗十年（一一〇五）、その支配下に入った。一三九二年に高麗が滅びたのは倭寇の侵害のためだったとはよく言われることだが、済州島もしばしばその被害にあった。島のあちこちに残っている防塁や烽火台は、倭寇防衛のために築かれたものである。

この島は蛇神信仰で知られており、蛇神を祀る堂が多いが、その本山とも言うべき、島の南東部表善面兎山里の堂は、倭寇に犯されて死んだ処女の怨霊を祀ると伝える。

一方、全島が漢拏山の火山灰におおわれ、肥沃の土地が少なく、従って貧しく、海でしか生きられなかった済州島の人々の多くが倭寇の群に身を投ずるのは、ごく自然の成りゆきであった。「済州流移の人民、多く晋州、泗川の地面に寓し、戸籍に載らず、海中に出没し、学びて倭人の言語・衣服を為し、採海の人民を侵掠す。推刷［調査］して本に還《かえ》さんことを請う」と『李朝実録』成宗十三年（一四八二）の項にはある。

また『済州島略史』によると、強大な帝国を築いた中国の元は、高麗をその支配下に置こうとし、一時その政権は元の傀儡同然となった。とりわけ元は、すぐれた馬の牧養地であった済州島を一時直轄支配し、牧胡と呼ばれる、馬の飼育にたずさわる人々を多数送り込んだ。やがて高麗が恭愍王（在位一三五一～一三七四）の時代となるや、元に対して自主政策をとり、済州島から牧胡たちを追放しようとした。牧胡たちは島の一部の人たちと反乱をおこし、倭寇と強力に連携した。倭寇の方は、牧胡たちの飼育する馬に大きな関心を抱いていたのである。

恭愍王が大軍を送って島から蒙古人を掃蕩するまで十年余続いたこの戦いの間、牧胡たちは、倭人たちと親しく交わり、その女性を妻妾としたり、時には子を儲けたりした。禑王二年（一三七六）、倭寇が六百余隻の大船団で島を襲ったのは、掠奪だけではなく、この牧胡の妻妾やその子供たちを救出するためだったと言われている。

これらの事実をふまえて、田中健夫は、「済州人と倭寇とは、なんらかの一体感を共有していた」（「倭寇と東アジア通交圏」）という。

貝の道を下って沖縄本島へ入り、鉄と農耕をもたらし、グスク時代という新しい時代をひらいた人々は倭寇と関係が深かったとは、谷川健一、吉成直樹、福寛美らの主張するところである。

九州西岸のヤボサの信仰が、沖縄の知念半島までこの人々によって運ばれたのだとするなら、済州島の堂もやはり彼らによって運ばれ、御嶽の成立になんらかの役割を果したのではないか、という思いに私は時としてとらわれる。

新礼里の堂

島に来た翌日、好近洞の堂を見たわけだが、その日呉さんに案内されて見た堂のうち、もう一つの新礼里の堂も印象に残っている。新礼里は西帰浦の東、南元邑に属し、運転手氏の生まれた村で、幼いころ祖母に連れられてこの堂にはよく詣ったという。

畑のはずれの半ば草に埋もれ、所々で先達ての台風の倒木がゆく手をさえぎっている細い道をしばらく歩いた果てにあった。運転手氏の案内がなければ、私一人ではとても探せそうもない場所にあった。この時以後多くの堂を見てきたが、ほとんど例外なく探しにくい場所にあった。村はずれの崖下や川べり、目につきにくい森の中などだ。呉さんや運転手氏がいてさえ、村の人に訊いても、見つけ出せなかった堂も一つ二つではない。これは、儒教を国教とした李朝時代、堂が淫祠邪教として迫害されたためだと考えられている。粛宗二十八年（一七〇二）、時の牧使が堂と仏寺の百三十ヶ所を破壊し、巫覡四百余名を罰して帰農させたという事件は記録にも残り、今でも島の人々が口にする。

儒教の影響は現在も色濃く残っていて、村祭りは表向き酺祭《ポジェ》と称して、男の祭官たちによって儒教風に行われ、そのあと女たちが堂に集まって堂祭をするという。男性の中には堂祭について訊かれて、「男子がそんなところへ行って何をしますか」と憤然として答える者もあるという。『韓国の民俗大系』（韓国文化公報部文化財管理局編）には、酺祭について、「興味あるものではなく、とくに外皮が儒教の合理性から成っているので、宗教的な含蓄あるものが感じられない」とあり、古代の息吹きが通い、「宗教的な含蓄が感じられ」るのは堂祭の方だが、一方こちらには、どこか日陰者めいたところがつきまとっている。呉さんの祖母は、堂祭に参加するときは、誰にも告げずに家から出ていったという。

好近洞の堂は、本郷堂《ボヒャンダン》と呼ばれ、村の鎮守に相当する堂だが、新礼里の堂は、七月堂《イルエッタン》と言い、治病・産育を司る女神を祀る。好近洞の堂に比べ小さく、その分木々が枝を密にさしかわし合っていて、明るい昼なのに、森の中は、足を踏み入れるのがためらわれるほどに暗い。

ここでも森の木々の大方は榎だ。私はこの時以来十年以上、済州島の多くの堂をめぐってきたが、神木はどこも例外なく榎であった。榎は、幹が黒く、瘤や洞《うろ》のあるものもあり、枝の茂り方が複雑で、闇を抱えやすく、神秘なところがあって、神木には向いているのだが、なぜいつも榎なのかについての答えはいまだに分からない。全羅南道を中心に堂の神木の樹種について調べた崔徳源の「堂山木と村落構造との相関関係」という一文によると、神木で一番多いのは欅、榎は二番目で、あとは松、銀杏である。しかし私はこの島の堂で、欅、松、銀杏が神木の中心になっているのを見たことがないし、その理由について満足のゆく答えを得たこともない。

ここでも低い岩が祭壇代わりをしていて、その上には、焼酎の瓶、蜜柑、林檎、栗などがのっている。

帰りがけ、私は、入口近くの草むらの中に、供物の残りが多量に打ち捨てられているのを発見した。焼酎やジュースの空き瓶や空き缶、腐った蜜柑や林檎、物色らしい汚れた布類、紙銭や蠟燭……。

私は堂めぐりをはじめてからしばらくの間、堂が神社と御嶽に比べて掃除がゆき届かず、不潔だと感じ、それを信仰心の無さのせいだと思っていたが、一概にそうは言えないことが分かってきた。祭の日以外に、たとえ掃除のためであろうと堂に立ち入ってはならない、というタブー——これは御嶽も同様だ——があることを知ったからである。このタブーはとりわけ男性に対してきびしく、兎山里の蛇神を祀る堂のように、男性が中に入るだけでなく、見ることすら許されない堂もあるのだ。私自身、堂の中にいるところを見られて、通りがかりの村の老婆にきびしく咎められたこともある。

また、供物に関して言えば、一旦神に捧げたものはみだりに持ち帰らないというタブーもあるらしかった。

堂の盛衰と変わらぬ魅力

私が済州島で堂めぐりをはじめたころ、堂は、あまり人に知られていない、忘られた場所だった。それについての簡単な案内書などすら出ておらず、一般のガイドブックにものっていなかった。堂のある村の人々自体、その所在を知らないことすら多かった。

それがこの十年で風向きが変わり、堂はその文化財としての価値が一般に認められるようになってきた。二〇〇八年から〇九年にかけ、済州伝統文化研究所から出た、二巻本の『済州神堂調査』がそのあらわれである。まず二〇〇八年に島の北半分の『済州市圏篇』が、翌年には南半分の『西帰浦市圏篇』が公刊された。いずれも五百ページ前後の浩瀚なもので、一つの堂に二ページをあて、所在地の地図と四、五枚の写真、現況を記した説明をのせている。この調査により、済州市圏で百九十二ヶ所、西帰浦市圏で百九十九ヶ所、合わせて三百九十一ヶ所の堂の存在が確認された。済州島には昔から「堂五百、寺五百」という言葉が伝えられているが、五百という数が多数を意味する単なる虚辞ではなく、実数に近いことがこれで明らかになった。

一方、以前の調査ではその存在が確認されたのに、道路建設や都市開発で消失したもの二十九ヶ所、廃堂、即ち堂の建物、石垣、祭壇、神木はそのまま残ってはいるものの、人がお詣りせず、祭祀の行われなくなった堂は三十二ヶ所に及ぶという。新たに堂が設けられる例もないではないが、それはきわめて稀だ。一旦信仰が失われるや、昨日までの拝所が忽ちゴミ捨て場と化してしまう例は、御嶽においても見てきたが、堂に対する再認識の気運が、堂消滅や廃堂の流れの歯止めとなればいいがと切に思う。

堂は、数は多いけれども、そのありようにはあまり変化はない。榎を中心とした小さな森、祭壇、或いは祭壇代わりの岩、石垣、ただそれだけでほかには何もない。なお祭壇には、祀られている神の数によって、穴があけられている。それは、地中の神に供物をとどけるためのものだ。

海辺に近い、海神を祀る堂の中には、神樹が一本もなく、小さな社域を石垣でか

海神を祀る堂

こんで祭壇だけを設けているところもある。ささやかながら祠堂を設けているのも、海辺に近い堂だ。

堂のこのような変化のなさを、私は少しも単調とは思わない。人工のさかしらによって神の領域を損うまいという意志をそこに感じるからであり、その静寂の中に立っていると、榎の下葉のかすかな葉ずれの音にも神意を感じてしまうからである。

ここで好近洞と新礼里以外の堂についても少し書いておこう。

済州市の東、朝天邑の臥屹里《ハフルリ》の堂は、私が見た堂の中では最も大きいものだった。これまで述べてきたように、堂は一般に村はずれの人目につかない場所にあるのだが、ここは国道に沿い、遠くからでもその榎のみごとな茂みを眼にすることができる。低い石垣をめぐらせた、五百坪はあるかと思われる広場があり、樹齢三、四百年の榎の大木にかこまれ、その中央には、幅広い三段の石段があって、その先には沢山の大石が集められ、主祭神の拝所となっている。ここは松堂系の山神と、外来系の産育神である女神の夫婦神を祀る。女神の方は、少し離れたところに拝所があり、即ち夫婦別坐なのである。

松堂とは、漢拏山の西麓、今でもノロジカや雉の狩猟で生計を立てていると言われる松堂里という村にある堂のことだ。

堂には、神社の縁起に相当する堂本解《タンポンプリ》があちこちに残っており、近年その多くが採録、活字化され、日本でもその一部が翻訳出版されている（張籌根『韓国の民間信仰』)。松堂里の堂の本解によると、ソウルからこの島へ渡った女神が土地の男神と結婚して生んだ八人の子供が全島に散らばって祀られ、すべての堂のもとになったという。松堂は私もかつて訪れたことがあるが、車道から堂へ入ってゆく細い道の角には、「済州堂之元祖　松堂本郷堂　無形文化財」と漢字で記された石の道標

臥屹里の堂

が立っていた。なお臥屹里の堂の神は、松堂里の別の本解によると、十二人の息子のうちの十一男を祀るという。

この堂は、堂には珍しく掃除がゆきとどいていて、地面に箒目が鮮やかについている。

堂のまわりの榎は、どれもみごとな大木で、根の近くから太い枝が何本もわかれ出ており、中には屈曲しながら堂に向ってのびているものもある。枝には色鮮やかな物色がいくつも結ばれていて、木々が神々のためにしているていて、木々が神々のためにしている古怪な踊りでも目にしているようだ。

済州市の南、山地に近い村龍崗洞《ヨンカンドン》の

堂は、朝天邑の堂とは違って、ひどく分かりにくい場所にあった。村で訊いてもよく分からず、場所は知っているという空の竹籠を背負ったおばあさん《ハルモニ》をタクシーに乗せて、直接案内してもらうほかはなかった。

　おばあさんの言によると、この村は島で一番古いという。やがて村を大分外れた山中の森の中で、私たちは彼女に言われて車から下りた。入口のしるしらしい、保護樹になっている四、五本の大樹の裾に、谷へ下りてゆくセメントの石段がある。手摺りにつかまって下りてゆくと、やがて右手に大きな洞穴が現われた。この堂は귀당《クエダン》という名前だが、귀とは洞穴の意味で、洞穴そのものが堂なのだ。周囲には巨岩が累累とし、入口に立つ立札によると樹齢二百四十年という、天に向って何かを懇願するかのように枝をひろげた榎の大樹があたりをおおっている。洞穴の奥には大理石から成る二段の祭壇が設けられている。岩の間に太い枝がさし込まれ、それに物色、命糸《ミョンシル》という長寿をねがう糸、紙銭などが下がっているが、どれもひどく古いもののように見える。ここに祀られているのは、農耕を司る女神一坐だ。下からは谷川の音がかすかにきこえ、あたりは薄暗く、なにやら少し不気味な感じがした。

蛇梁島の堂の大木

多島海の堂

私は、榎の小さな森と、祭壇或いは祭壇代わりの岩だけの堂のありようが、済州島だけのものとは思われなかった。周辺の島々や韓半島の南部などにも同様の堂があるのではないか、と推測した。

韓国の南海《ナムヘ》と西海《ソヘ》は、無人島を含めると三千余の島々の浮かぶ多島海である。私は数回にわけて、これらの島々のごく一部を訪ねてみた。韓半島の南東にひろがる多島海の島々、閑山島、比珍島、蓮花島、欲知島、小毎勿《ソメムル》島、蛇梁《サリャン》島……。次には西海、新安郡の島々、智島、松島、

沙玉島、長山島、都草島、飛禽島、安佐島、八禽島、達里島、黒山島、珍島……。

これらの旅の結果、私の推測が半ば当たり、半ばはずれていることが分かった。済州島同様の堂をあちこちで見かけはしたものの、堂の存在がまことに稀薄であり、堂の全くない島の方が普通で、堂という言葉を口にすると頭を傾げる島民が多かったからである。

一方、韓国の近年のキリスト教の普及については云々されることが多いが、それは私の予想をはるかに越えていた。堂のないごく小さな島にも必ずと言っていいほど教会——多くはプロテスタントの——が、時には二つもあったからであり、達里島などという、店屋一軒ない、百人程度の人しか住んでいない島にも、屋根に十字架を光らせた教会があった。

これは、済州島のホテルの支配人からきいた話だが、ごく最近キリスト教徒が堂の木を伐り倒して警察沙汰になったという。またキリスト教徒が堂の木に十字架を刻みつけるとは、呉さんからきいた。沖縄にも戦後キリスト教が大分入っているのだが、キリスト教徒たちが御嶽をどうこうしたとは、きいたことがない。これほどに韓国の人たちは激しいのだ。

堂のない島でも、もとはあったかもしれなかった。廃堂となった堂をあちこちで見たからである。

小毎勿島《ソメムル》は、閑麗水道の南端に位置する、灯台と磯釣りで知られる小さな島だ。絶壁にかこまれた島に一ヶ所、わずかな湾入部があって、そこに船が着く。船から下りて防波堤に立つと、小山の見上げるばかりの急斜面に、島でただ一つの村の、野面積みの石垣をめぐらした、低い、青や赤のトタン屋根の家々が二、三十軒、中腹まで積み重なるように続いている。その中の、日用の雑貨や食料品を売るなんでも屋の土間で昼食のカップ麺を立ち食いしたあと、中年の主人に堂について訊ねると、彼は私を店の外へ連れ出し、小山の頂き近くの、一寸茂り方が異様な小さな森を指さし、「昔あそこに堂があって、祭をしていたが、今は誰も行かなくなってしまった」と言った。

私は、そこまで登ってみた。森の中には雑草が高く生い茂った空き地があり、そうと言われなければ、そこに堂があったとは思われなかった。しかし注意して見ると、奥に生い茂った榎の巨木が、その前には雑草に半ばおおわれた巨岩があり、草むらの中に焼酎の空き瓶などがころがって、祭祀の跡らしきものが残っていた。しかし廃堂になったのは、それほど昔とは思われなかった。

あると分かっていながら、ついに見出すことのできなかった堂もあった。

長山島は、木浦の南西に位置する小さな島で、島の大成山（標高百四十九メートル）は堂山であり、その頂上には古代の祭城が残っているということを、私は崔徳源の『多島海の堂祭――新安地域を中心に』（一九八三）で知った。氏はこの地域の百余の有人島すべてを歩いて、その堂を調べた人で、『多島海の堂祭』は、堂に関するきわめて貴重な文献だ。氏は、島々を「沿岸島嶼」「近海島嶼」「遠海島嶼」の三つにわけており、長山島は、「沿岸島嶼」に属するという。それでも私が根拠地にしていた韓半島西岸の要港木浦《モッポ》からフェリーで一時間二十分かかる。

四月半ばの晴れた一日、私は長山島へ向った。船が島のどこに着くか分からず、船中で、地図を片手にあちこち訊いてまわっていたら、私のまわりになんとなく人が集まってきて、質問ぜめにあった。観光とはまるで縁のない離島へ、言葉もろくにできない日本人が何しにゆくのかということであろう。大成山の堂を見にゆくのだと答えると、それがさらに彼らの好奇心を刺激したらしい。今では島の人たちさえめったにゆかないそんな堂を見て、一体何になるのだ、というのである。詳しい説明ができないまま、お茶を濁しているうちに、船が島の港に着いた。

中の一人の中年の男が、私をさらうようにしてタクシーに乗せた。大成山の麓の村長山まで来てタクシーから降りると、私はそこでまた十人近い男たちにかこまれてしまった。山の頂上一帯は今では墓地になっているらしく、中の一人は、私が墓参りに来たにちがいないと決めつけ、島に親戚がいるだろうから、ここにその姓氏を書け、と紙とボールペンをさし出した。そこへ誰かが呼んだらしく、日本語の話せる、眼鏡をかけた老人——許さん——が現われた。そして私から話をきいて、私の来島の目的について説明してくれた。彼らはやっと納得したようで、中には深く肯く者もいた。

大成山は途中まで車がゆくから案内しようと許さんが言い、そばに止まったままでいたタクシーに私を乗せ、自分もその隣に乗り込んだ。

許さんは、京都と大阪に六年いて、十年前に島に戻ってきたのだが、それ以来日本語を話すのは今日がはじめてだと言って笑った。日本人などはまずやって来ない島なのであろう。

途中許さんは、森の木々の間から見える遥か下方の草原を指さして、あれが昔牧場だったところだ、と教えてくれる。長山島は、高麗時代、馬を飼う国の牧場があったところなのだ。

やがて車道が終わり、あとは草むらの中に細い道があるだけだった。許さんは、自分たちはここで待っているからと言うので、私一人で、青空を背景に石垣らしきものが見える山頂に向ってその細い道へと入っていった。しばらく登ると草墳が現われ、その先は丈の高い草にさえぎられて、どこにも道を見つけることができなかった。

私は、山頂の石垣が堂なのかどうかをたしかめることができず、下山しなければならなかった。

森だけの堂

私がめぐった多島海の島々の中で、済州島の堂と同様の、ただ森だけの堂を見たのは、西海、新安郡の智島でのことだった。

私は、この島の台川里にある堂のことは、崔徳源の『多島海の堂祭』で知っていた。この本の扉に「樹齢四百年の堂木である高さ二十米、周囲三・五米の榎が十二本とくろがねもち十五本など」が鬱蒼として聖域を形作っているこの堂の写真がのっていたからである。

智島は、「沿岸島嶼」と言うより、橋で本土とつながっていて、木浦でバスにのれば、一時間でゆくことのできる島である。バスの終点は、橋を渡ってすぐの邑内という島の中心地で、そこから台川里まではタクシーで十五分だった。台川里は、畑の中に古い民家が点在する、静かな、と言うよりさびれた感じの村だった。堂はすぐに分かった。広い畑のさなかに、周囲とは何の関係もない、舞台の書割りででもあるかのように、突然眼前に現われたからである。木の枝に注連縄がかかり、周囲にごく低い石垣がめぐらされているので、聖域であることが分かった。森の中へ入ってみると、建物の類は小祠さえもなかった。祭壇すら見当たらなかった。地には樹木の鮮やかな影が神紋のように落ちていた。

堂の木は一切枝一本伐ってはならず、百余年前、中国人が森の木を伐って運び出そうとしたところ、船に雷が落ち、船にのっていた全員が死んだと伝えられている。堂の祭神は、ハラボジ、ハルモニと八方北神である。ハラボジはおじいさん、ハルモニはおばあさんの意で、祖神のことであろう。陰暦の正月三日を祭日とし、牛を生け贄として盛大に行われる。銅鑼、鉦、太鼓、鼓を鳴らし、献酒、祝願、焼紙などのあと、村中の人々が集まって飲福(直会)をし、最後に男女別々の組にわかれて綱引きをする。女子組が勝ったときが豊作だという。

この堂は、上堂で、もう一つ村の中に下堂があるというので行ってみたが、見つからない。運転手氏があちこちで訊いてくれた結果、下堂は一本の榎の老木で、枯れたので伐られてしまい、今は切株しか残っていないとのことだった。

第六章　新羅の森

慶州の聖林を歩く

私は、朝鮮半島では、神の森の系譜を辿ることはむずかしいと書いたが、慶州には鶏林という聖林がある。慶州は、新羅千年の古都と言われていて、建国が三五六年、滅びたのが九三五年だから、千年はやや大袈裟だが、これほど都の遷らなかった国も珍しい。今も多くの史蹟が残り、鶏林もその一つである。

『三国史記』新羅本紀第一　四世脱解王九年（六五）の条に、次のような話が記されている。

「王はある夜、金城西方の始林の中で、鶏の鳴き声を聞いた。夜明けになって、瓠公にそこを調べさせたところ、金色の小箱が木の枝にかかっていて、その下で白鶏が鳴いていた。瓠公は城に帰って王に報告した。王は役人にその箱をとってこさせ、これを開かせた。すると、小さな男の子がその中にいた。その姿や容貌が優れて立派であった。王は大変喜んで、左右の近臣に、

これはきっと天が私に跡継ぎとしてくだされたのにちがいない。

鶏林

といって、この子を手元において養育した。大きくなると、聡明で、智恵もあり、機略にも富んでいた。そこでこの子を閼《あっ》智《ち》と名づけた。彼が金の箱から出てきたことにちなんで、その姓を金氏とした。
また、始林を改めて鶏林と名づけ、この閼智が後世新羅王室の始祖となったことによって、鶏林を国号とした」
鶏林は、新羅の国号だけでなく、後には朝鮮全体の呼び名にさえ用いられた。
なお王に命じられて始林へ赴いた瓠公について、『三国史記』は、「瓠公はその出身の氏族名を明かにしていない。彼はもともと倭人で、むかし瓠を腰にさげ、海を渡って新羅に来た。それで瓠公と称したのである」と記している。

私は、慶州には三度来ているが、そのたびごとに鶏林を訪れている。鶏林の何がそれほど私を惹きつけたのだろうか？　そこは、町の中心部と言ってよく、東洋最古の天文台と言われる瞻星台《せんせいだい》のごく近くだ。石塀にかこまれた二千坪ほどの林で、誰でも自由に出入りすることができる。中には、石碑や小さな祠のほか、国号にもなった由緒ある聖林にふさわしい社殿の類は一切ない。といって、古木老木が茂り合っているわけでもなく、一見そこらの雑木林とあまり変わらない。この一寸意表をつく何もなさは、斎場御嶽の何もなさに通じるところがある。それは無為や湮滅の結果ではなく、斎場御嶽と同様、ある意志のあらわれと思われる。森や林は、神の来り遊ぶ場所であるゆえ、そこに社殿のような人工のさかしらは、持ち込んではならないのだ。

歩きまわっていると、ところどころ榎や槐の老樹が過去の亡霊のように暗い葉叢を茂らせていて、その根元が小石にかこまれていて、拝所が設けられている。神樹なのであろう。しかし目につくのは、それくらいのものだ。

新羅の建国神話にも聖林が出てくる。『三国史記』新羅本紀冒頭に出てくるその話を要約すると次の通りである。

新羅の民は、はじめ六つの村に分かれて暮らしていた。その一つ高墟村の村長が或る時蘿井《らせい》のそばの林の中で馬がひざまずくようにして嘶いているのを見て行ってみると、馬の姿は消え去り、あとに大きな卵が残っていた。卵を割ると、中から幼児が出てきた。村長はその子をとりあげて育てた。長ずるに及び大変優秀だったので、六つの村の村長たちは、彼の出生が神秘であったところから推戴して王とした。これが新羅の初代の王赫居世居西干（在位前五七〜後四）である。国号を徐那伐といった。徐那伐は一般に王京を意味するというが、聖林の意とする説もあるという（訳者註）。

なおこの建国神話は、鶏林の話とよく似ていて、卵生神話である。卵生神話は南方系とされ、朝鮮半島では加羅、高句麗などにも見られる。日本では、本土にはないが、沖縄にはある。

『三国史記』雑志第一　祭祀の項には、高句麗と百済の祭祀儀礼は不明だとして、新羅に関してだけ、山や川で行われる祭祀についていろいろ記されているが、その中に次のような個所がある。

「四川上祭は、一を犬首、二を文熱林、三を青淵、四を樸樹《ぼくじゅ》で行う。四大道祭は、東の古里、南の簷幷《えんぺい》樹、西の渚樹、北の活併岐《かっぺいき》で行い、圧丘祭と辟《へき》気祭も行われた」

訳者（井上秀雄）は、この個所について、四川は慶州を流れる四つの川であろうとし、二の文熱林、四の樸樹は、新羅で森林乃至は樹木の信仰のさかんであったことを示している、とする。

寺院の陰に埋もれた聖林

かつて新羅には、鶏林や文熱林のような聖林が数多くあったらしい。しかし第十九代の訥祇麻立干（在位四一七～四五八）のころ、仏教が伝来するや、そうした聖林は次々と伐られて、寺院が建つことになった。その辺の事情について李基白は『韓国古代史論』の中に次のように書く。

「韓国においても、原始時代には樹林を崇拝し、そこが宗教上、神聖なところになってきた。いってみれば、これらの林は、原始的な巫覡信仰の本拠地であった。〔……〕ところが、そうした聖地が、しだいに仏教寺院に変わってしまったということになるのである」

李基白は「韓国においても」と一般化して書いているが、これは新羅の話である。新羅において、聖林が寺院に変わった例は、『三国遺事』を通じて、いくつか知ることができる。

その一つは、慶州のほぼ中心に建てられた興輪寺である。王命によって建てられ、法興王十四年（五二七）に基礎が据えられ、同王二十一年（五三四）に天鏡林の木を伐って建築され、真興王五年（五四四）に完成したという。かつて王も住んだこともあるという名刹だが、今は廃墟と化し、土壇だけがわずかに残っていて、天鏡林の面影はない。

もう一つは、市のやや南東部、有名な聖山狼山の麓の神遊林をひらいて建てられた四天王寺である。護国の寺として有名で、その建立は国家的事業であり、文武王十九年（六七九）に成った。しかし、やはり今は堂塔はなく、二基の亀趺と幢竿支柱が残るばかりで、広漠たる寺趾のさなかを鉄道が横断している。

ここで私は、「神遊林」という言葉に注目したい。ここでは狼山麓の聖林の固有名詞だが、この時代、普通名詞としても使われたのではないかと思われる。この言葉は、御嶽の記述の中にしばしば現われる神の「託遊」という言葉を思わせる。「檳榔高ク諸木ニ秀デ、アザカ・シキョ繁茂有テ、森嶽ト成ル。此森嶽ニ君真物出現、託遊アリ。実ニ神ノ在、玄嶽ナリ」。これは、『琉球国由来記』中の久高島コバウ御嶽について言われていることだ。ここでも御嶽と新羅の聖林とは応え合うのである。

これは、大分後年の資料だが、大正八年（一九一九）に朝鮮総督府が編集・発行した『朝鮮巨樹老樹名木誌』という本がある。朝鮮全道にわたって、それによって部落祭を行う神樹四百六十本を集めており、その中で最も多いのは、慶州のある慶尚北道で百七十三本、次位の全羅南道九十七本の倍近く、ぬきんでて多い。なお三位は慶尚南道の九十六本、慶尚南北道と合わせると、全道の半ばを超える。

以上述べてきたことから、新羅人、及びその故地に住む人たちが、朝鮮半島の中にあって、とりわけ森に親炙し、森の樹木に神を迎えて祭った人々であったことがお分かりいただけると思う。その点で彼らは、日本人に近い資質を持っていたと言えよう。

新羅と日本

私はここで、新羅と日本の関係について一言しておきたい。

地図を見れば分かるように、新羅とやがて新羅に併合される伽耶の国々は、朝鮮半島の南東部を占め、地理的には日本に最も近い。そして百済や高句麗と比べ、きわめて古くから日本と交渉を持っている。金錫亨が指摘するように、「新羅―倭関係記事が紀元前の時期から始まっているのに比べ、百済と倭の関係は三九七年（阿幸王六年）「王は倭国と友好関係を結ぶため、太子腆子を人質とした」という記事から始まっている」（『古代朝日関係史』）。史書から見る限り、百済と倭の関係は、新羅と倭の関係より五百年近くおくれているのである。

この章の冒頭に掲げた鶏林の話の中には、倭人の瓠公が登場する。十三世紀の書物『三国遺事』の中には、「延烏郎と細烏女」という話がのっている。少し長いけれども林英樹の訳文をそのまま引用する。

「第八代　阿達羅王即位四年、丁酉（一五七）に東海の浜に、延烏郎と細烏女の夫婦が住んでいた。ある日、延烏が海に行って海藻をとっているうちに、忽然として、一つの巌（また魚ともいう）があらわれて、延烏郎をのせて、日本へついてしまった。その国の人たちが、これを見て「これは尋常な人ではない」といって、王とした（日本帝紀をみれば、新羅人で王になった人はいないから、これは辺邑の小王であって、真王ではないかもしれない）細烏が夫が帰ってこないのを怪しみ、行ってさがしてみると、夫が脱いでおいた靴が見つかった。また、その巌に上ると、巌がまた、前のように彼女を乗せて行ってしまった。その国の人たちが見て、驚いて迎え、王に知らせた。夫婦が互に会って、貴妃となった。

この時から、新羅では、太陽や月に光がなくなった。天文を司る者が、王に「日月の精が、わが国にあったのが、今、日本へ去ったために、このような変が起りました」と奏上した。王は使者を日本に派遣して、二人をさがすと、延烏は「私がこの国に来たのは、天がそうさせたのである。いま、どうして帰ることができようか。しかし、朕の妃が織った細綃《うすぎぬ》があるから、これをもって天を祭れば、よくなる」といって、その細綃をくれた。

使者が帰って来て、このように奏上するので、そのいう通りに、これを祭ると、その後日月はもとの通りになった。その細綃を御庫に蔵して国宝とし、その庫の名を貴妃庫として、天に祭りをした所を迎日県、または都祈野と名づけた」

地方を旅していると、この話に出てくるような、かつて新羅人が住んだと考えられる、小新羅王国とも言うべき土地にあちこちで出会う。実際日本にも、迎日県、都祈野《つげの》という地名があるのだ。

都祁に見られる新羅の痕跡

都祁《つげ》は、奈良県山辺郡（現、奈良市）に属し、三輪山の東方、大和高原の中心に位置する。かつて奈良の都に氷を供給した土地として知られ、古い氷室の跡が今でも残っている。奈良の裏庭と言うべき土地柄で、三輪山に似た円錐形の雄神《おが》山がそびえ、その裾には、大神神社同様、この山を神体として本殿のない雄神神社があり、奥三輪とも呼ばれる。雄神神社から近くの国津神社にかけて、「やすんば」と呼ばれる小さいながら鬱蒼とした森が田の中にいくつか点在していて、雄神さんが国津さんを訪れる際の休み場だと言われている。私は、社殿のない森だけの聖地を求めて旅していた際、ここを訪れた。

大和盆地から穴師川を溯って都祁に入る際に出会う穴師《あなし》坐《にます》兵主《ひょうず》神社は、新羅の王子天日槍の末裔が祀った神社とされ、最初の村白木は言うまでもなく新羅であり、ここには天日槍の裔白木武蔵が天日槍の築いたシラキ城に拠ったという伝承がある。『古代日本の渡来勢力』の著者宋潤奎は、新羅の人々は日本海岸から琵琶湖沿岸に沿って南下、都祁に定着したあと三輪地方へ進出したとし、「三輪山は、辰韓―新羅系渡来集団の本拠地であった朝鮮式山城とみられる神奈備山なのである」とまで言う。三輪山周辺の古墳から新羅系の遺物が発見されており、また崇神天皇に命じられて三輪山の神を祀った大田田根子《おおたたねこ》は新羅―伽耶系の渡来人と思われるところからして、この説には蓋然性がある。

大和岩雄は、古代肥前（現、大分県）を舞台にして『日本にあった朝鮮王国』（一九九三）を書いた。実際、この地方の中心宇佐八幡の元宮とも言うべき香春神社の神は、「自ら度り到来り」きた「新羅の国の神」と『豊前国風土記』逸文には明記されているのである。

香春山は有名な銅山であり、新羅の人々はこの銅をめあてに渡来してきたと考えられている。

敦賀周辺にもあきらかに小新羅王国があった。

その中心気比神宮の祭神は天日槍だとする説もある伊奢沙別命《いささわけ》で、周辺には新羅にかかわる神社や村が多い。

敦賀半島突端の白木村は、新羅人が拓いた村とされ、式内社白木神社を祀っていて、古い村だ。かつては舟でしかゆくことのできなかった陸の孤島とも言うべき土地だったが、近くに原発ができたのでバスが通うようになったものの、夕日を受けて深閑と静まり返っていた海辺の村の家々の有様は、古代とあまり変わっていないように思われた。私は、村在住の郷土史家から話をきいたが、今でも一部の老人は、鶏林の故事から鶏を神聖視し、卵を食べないとのことであった。

敦賀市の西部には信露貴彦神社があり、宮司の竜頭家は「新羅国王族の末裔」(『今庄町誌』)と伝える。隣の今庄町には、新羅神社が二つもあり、町を流れる日野川は、かつて叔羅《しらき》川、白鬼女川、信露貴川と呼ばれた。

新羅の小王国は、琵琶湖の周辺をはじめほかにもいろいろあるけれども、これくらいでやめておく。

遍在する新羅系神社

それよりもさらに数が多く、日本全国にゆき渡っているのは、新羅系の神社である。前出の白木村の白木神社、白城神社などと名を変えているところも多いけれど、新羅神社で通しているところも一社や二社ではない。新羅から渡来した人々が故国の神を祀るのは自然だけれども、そう考えただけでは解決がつかない程その数は多い。青森にも、東京にも、埼玉にも、鹿児島にまである。こうした全国の新羅系の神社をめぐって書かれた、出羽弘明『新羅の神々と古代日本』という本が出ているくらいである。

新羅神社の祭神は、素戔嗚尊とその子五十猛《いそたける》であることが多い。それは『日本書紀』に「〔……〕素戔嗚尊の所行無状《あづきな》し。故、諸の神、科するに千座置戸を以てし、遂に逐《やら》ふ。是の時に、素戔嗚尊、其の子五十猛神を師《ひき》ゐて、新羅国に降到《あまくだ》りまして、曽尸茂梨《そしもり》の処に居《ま》します」と書かれているためである。ここでは、素戔嗚尊と五十猛神は、神々によって追放されたことになっているが、この二柱の神は、新羅の神と考えられたのである。なお曽尸茂梨は王都、即ち慶州をさす。

素戔嗚尊を祭神とする神社をすべて新羅系とするわけにはゆかないけれども、その数は多い。新羅とかかわりの深い宇佐八幡、新羅＝伽耶系渡来人と考えられる秦氏が創祀にかかわっている伏見稲荷――このように見てくると、新羅ゆかりの神社は実に多い。私は神社の成り立ちそのものに新羅が或る役割を果していると考える者である。

以上のように、百済、高句麗よりはるかに昔から日本と接触し、その文化に深層に至るまでの影響を受けているにもかかわらず、新羅は、日本人にとって、百済に比べ、なじみの薄い、どこかよそよそしい国と受けとられている傾きがある。

その理由の大方は、正史とされる『日本書紀』に現われた「新羅蕃国視」（大和岩雄）のためであったと思われる。日本は、例の「任那」をめぐって新羅としばしば争い、一方の、新羅から圧力を受けている百済とは同盟を結び、支援をした。とくに新羅が唐と結んで百済を攻めたときは、援軍を送って助けたものの、白村江の戦い（六六三）で百済・日本の連合軍は敗れ、百済は滅び、百済の要人の多くは日本に逃れてきた。その中の何人かの史官が、はじまっていた『日本書紀』の編集に参画した。『百済記』『百済本記』『百済新撰』など百済の史書がさかんに引用され、時には日本史ではなく、百済史の趣きを呈する個所さえあった。自分たちの国を滅ぼした新羅に対して、百済の史官たちが冷静な客観性を保ち得たとは信じ難い。かくして「新羅は西羌《にしのひな》の小さき醜《いや》しきくになり。天に逆ひて無状《あじきな》し。我が恩義に違ひて、我が宮家を破る。我が黎民《おおみたから》を毒《をや》し害《やぶ》り、我が郡県《くりこほり》を誅《ほろぼ》し残《そこ》ふ」といった文句が、親新羅とされている天武天皇紀の前後は別として、全篇にわたって頻出するに至るのである。

『日本書紀』は、朝廷の編纂した正史であり、しかも古代に関しては、『古事記』のほかは他に拠るべき資料がなく、日本人の史観に影響を与えてきた。しかしこの本が、新羅の部分だけでなく、多くの偏りのある本であることが分かってきた。私たちは日本と新羅の関係を、神社の問題を含め、もう一度考え直すべき時が来ていると思われる。

慶州再訪

私は、慶州には、鶏林のような聖林がほかにも残っているのではないか、という思いを捨てきれなかった。私は慶州に三度行ったと書いたけれども、随分以前のことであり、当時新羅の森は、私にとってとり立てて問題にはなっていなかったので、とくに探索をすることもなく、鶏林を訪れたほかは、仏国寺や石窟庵など誰もがゆく観光スポットをいくつかまわっただけで帰ってきてしまった。

新羅の森の問題が浮上して以後、私は、慶州の地誌や案内、『慶州文化財散歩』、

『韓国の古代遺跡——慶州篇』、さらには『東国輿地勝覧』までもさぐってみたけれども、大方は古墳と古代寺院のことばかりで、鶏林以外の聖林にふれたものは見つからなかった。

半ば諦めかけていた時、私は「日・韓・台の巨木・老樹信仰」という副題を持つ『神の木』という本に出あった。Ⅰ滋賀の野神信仰、Ⅱ沖縄の御嶽、Ⅲ韓国の鎮山と堂山信仰、Ⅳ台湾の大樹公信仰の四部にわかれ、それぞれについて、沢山の写真入りで聖林と神樹を紹介しており、とりわけ慶州に関し、その個所は二十ヶ所に及び、中には鶏林を思わせる聖林もあった。

著者の李春子さんは、釜山の出身、釜山女子大学を出たあと、台湾に留学、台湾大学を卒業、その後来日して京都大学の大学院人間環境学研究科博士課程まで修了し、神樹研究の道一筋の人である。

私は、もう一度慶州を訪れる決心をし、詳しい様子を知りたいと思い、大阪に住む李さんに電話した。私の質問に答えたあと、李さんは、近く日本人の樹医さん三人を連れて慶州へゆくけれども、一緒に行かないかと誘ってくれた。勿怪の幸い、とはこのことで、私は一も二もなく承知の返事をし、その翌月には釜山行きの機上の人となっていた。翌年の平成二十六年の五月にも、ほぼ同じメンバーで再度慶州へ旅をした。

新羅の森に関し、この二つの旅の印象を概括するなら、時代の趨勢によって失われたり、忘れられたりしたものが多いと見受けられる一方、まだ聖林があちこちに残り、信仰の命脈も生きているように思われた。

大きな森を伐って建てられたという中学校へ連れてゆかれたことがある。学校は休みで生徒の姿はなく、校庭は広々とし、ここに森があったとは想像できなかった。しかし注意してみると、砂場のへりや鉄棒の近くにサイカチや白い花の咲いたヒトツバタゴがそびえていて、森の残影を見る思いがした。

神の森を伐ったという話は、あちこちで聞いた。『神の木』の中にもその一例がある。

「慶州市内南面《ネナムミョン》徳泉二里には、樹齢数百年の神木を中心にこんもりした杜があった。二〇〇三年のソウルと慶州、釜山を結ぶKTX（韓国高速鉄道）の工事で堂山の木は樹齢数百年にも関わらず〔……〕保全運動も行われることなく、伐採されて跡地の上に線路が建設された」

一方、海辺の村柳渓里では、崖の中腹を這いのぼる巨竜さながらの、幹の黒ずむ、屈曲した老松を見た。

柳渓里の老松

豊漁を司る神樹で、二年に一度、松の下に村人たちが集って盛大な豊漁祭をするという。松のところまで上ることができるのは、三人の祭官だけで、彼らは松の下にテントを張ってお籠りをするという。

松の根のあたりにかけられた注連縄には、とまっている沢山の白い蝶のように、千ウォン札が無数に結びつけられていて、人々の信仰の篤さを感じさせた。

近くには、ハラボジ（おじいさん）、ハルモニ（おばあさん）という二本の欅の大木がそびえ、その間に数軒の家々が建っているところがあった。樹齢五百年という欅の巨大さのため、家々の小ささが目立った。家々は両側から木々に抱きかかえられているようだった。近くの人に話をきくと、村の人たちは近年みなキリスト教徒になって神樹の世話をやめてしまい、今では八十歳の老婆が一人で世話に当たっているという。ここでも私たちは、キリスト教の異常な普及がもたらした韓国社会のふしぎな一断面をかいま見させられた。

神の木に導かれて

内南面は、慶州市の南東郊に位置する。このあたりはもう農村地帯で、田畑が広がっている。あちこちに堂山の小さな森があるが、木陰に亭を設けているところが多く、農作業の間にベンチに坐って一服している農夫たちの姿が見られる。どこもあたりは小綺麗に整備されていて、小公園の趣きだ。俗化といえば俗化だが、堂の森を保存する一つの手段ではあるだろう。

朴達2里の聖林

ここの朴達2里の道真という集落に聖林があることを、私は『神の木』の写真で知った。鶏林に似ているらしいこの聖林を見ることが、私の旅の主な目的の一つだった。

集落へ入ってゆく細い坂道の右手の丘の上にその聖林はあった。何本もの木々に結ばれている注連縄がなかったならば、ありきたりの雑木林にしか見えなかっただろう。三百坪ほどの土地に欅、槐などが茂り、中には社殿の類はもちろん祠一つ、石碑や石塔の類も全くなかった。欅や槐の大木の根元が、鶏林の場合と同様、小石で円くかこわれていて、そこに石積みの拝所がしつらえてある。繰り返して言うように、この何もなさは、無作為ではなく、聖林に神を迎えようとする人々の篤い信仰のあらわれなのだ。

李さんによると、前夜から準備して、一月十四日に村の人々がここに集まって祭をするという。

なお李さんによると、朴達1里にも、集落の後ろの山裾に欅やナラガシワの茂る似たような聖林があり、森の中には由来不明の自然石が置いてあるだけだという。こちらの祭礼も一月十五日だとのこと。

朴達3里には、やはりハラボジ、ハルモニと呼ばれている、対になった神樹が、少し離れて田の中に立っている。一方は松、一方は欅だ。村では、葬式の行列が前を通るのを避けるほど神聖視されている。数年前ハラボジの神木に害をなした男がいて、村から追放されたという。ハラボジのまわりに数人の村人たちが集まり、そこに樹医さんたちが合流し、木の保全をめぐっての談義がはじまった。樹医さんたちは皆韓国語が自由に話せるのである。

談義が長びきそうなので、私は近くをひとまわりしてきた。

朴達3里の神樹
ハラボジ

朴達3里の神樹ハルモニ

水を張った大きな田の一角に、榎の巨木が立っているところがあった。近づいてみると、木の根元が石で円くかこわれ、拝所が設けられていて神木であることが分かった。榎は青葉の枝葉を田の上に一杯にひろげ、田を半ばかくしている。李さんに訊くと、田の主は、榎がどれほど稲の生育に害があろうと、決して枝一本切らないという。

遠くから見ると、私にはその榎が、水鏡に映るおのれの顔に見入っている神の姿と思われた。

あとがき

森を神の来遊する場所として崇め、社殿その他人工の営みを忌み排する御嶽という沖縄の信仰と聖地に長い間関心を抱いてきた。しかしいまだに分からぬことが多い。とりわけその成り立ちは謎に包まれていると言っていい。この信仰は沖縄独自のものなのか？　外部からの影響を受けているのか？　受けているとしてその外部はどこなのか？　いつごろ、どのようにして入ってきたのか？　これらの問題を、さまざまな観点から考え、諸家の意見は尊重しつつも無批判には従わず、なんとか納得ゆく答えを出そうとつとめてきた。結果として、御嶽の信仰が古神道の面影を残しているという柳田・折口以来の定説に反することとなった。独断のそしりはまぬかれないとしても、早急の判断ではなく、長い時間をかけての答えだったことだけは認めていただきたい。

前著の『伊勢と出雲』に続いて、水野良美さんに大変お世話になった。心からお礼を申し上げたい。

平成三十年十二月十日

岡谷公二

参考文献

第一章　御嶽とは

宮城栄昌『沖縄のノロの研究』吉川弘文館、一九七九年
仲松弥秀「御嶽」、『沖縄大百科事典』沖縄タイムス社、一九八三年所収
羽地朝秀編『中山世鑑』（一六五〇年）、伊波普猷他編『琉球史料叢書』第五巻、東京美術、一九七二年所収
仲松弥秀『神と村』梟社、一九九〇年
首里王府編『琉球国由来記』（一七一三年）、伊波普猷他編『琉球史料叢書』第一・二巻、東京美術、一九七二年所収
鳥越憲三郎『琉球古代社会の研究』ＪＣＡ出版、一九八二年（改訂新版）
鳥越憲三郎「沖縄の天皇制」、谷川健一編『叢書　わが沖縄』第五巻、木耳社、一九七二年所収
仲松弥秀『古層の村――沖縄民俗文化論』沖縄タイムス社、一九七七年

第二章　御嶽遍歴

宮良高弘『波照間島民俗誌』（谷川健一編『叢書　わが沖縄』別巻）、木耳社、一九七二年
柳田国男「根の国の話」、『海上の道』筑摩書房、一九六一年所収
『八重山島諸記帳』（一七二七年成立と推定）、『南島』第一輯所収

宮良高弘「八重山群島におけるいわゆる秘密結社について」、谷川健一編『叢書　わが沖縄』第五巻（前掲）
　所収
喜舎場永珣『八重山民俗誌』沖縄タイムス社、一九七七年
平良市史編さん委員会編『平良市史』第九巻資料編7（御嶽編）、平良市教育委員会、一九九四年
慶世村恒任『宮古史伝』南島史蹟保存会、一九二七年（復刻、冨山房インターナショナル、二〇〇八年）
谷川健一編『日本の神々』13、白水社、一九八七年
外間守善・桑原重美『沖縄の祖神アマミク』築地書館、一九九〇年
稲村賢敷『琉球諸島における倭寇史跡の研究』吉川弘文館、一九五七年
柳田国男『故郷七十年』のじぎく文庫、一九五九年（『定本　柳田国男集』別巻第三）
折口信夫「琉球国王の出自」（一九三七年）、『折口信夫全集』第十六巻、中央公論社、一九六七年所収
『聞得大君加那志様御新下日記』（一七〇六年）、『神道大系　神社編五十二　沖縄』神道大系編纂会、一九
　八二年所収
湧上元雄『沖縄民俗文化論』榕樹書林、二〇〇〇年
湧上元雄・大城秀子『沖縄の聖地』むぎ社、一九九七年
『角川日本地名大辞典47　沖縄県』角川書店、一九八六年
首里王府編、外間守善校注『おもろさうし』上・下、岩波文庫、二〇〇〇年
谷川健一編『日本の神々』13（前掲）
羽地朝秀編『中山世鑑』（前掲）
『聞得大君御殿幷御城御規式之御次第』（一八七五年）、『神道大系　神社編五十二　沖縄』（前掲）所収

谷川健一編『日本の神々』13（前掲）
堀田吉雄「秘祭種子取の廃絶過程」、『沖縄民俗研究』第四号、一九八三年所収
仲松弥秀「青の世界」、『神と村』（前掲）所収
谷川健一「ニライカナイと青の島」、『常世論』平凡社選書、一九八三年所収

第三章　御嶽と神社

柳田国男「阿遅摩佐の島」、『海南小記』大岡山書店、一九二五年所収（『定本　柳田国男集』第一巻）
折口信夫「琉球の宗教」（一九二三年）、『折口信夫全集』第二巻（『古代研究』民俗学篇1）、中央公論社、一九五五年所収
折口信夫「沖縄に存する我が古代信仰の残孽」（一九二四年執筆と推定）、『折口信夫全集』第十六巻（前掲）所収
伊波普猷『日本文化の南漸』楽浪書院、一九三九年
飯倉照平編『柳田国男　南方熊楠往復書簡集』平凡社、一九七六年
折口信夫「琉球国王の出自」（前掲）
柳田国男『故郷七十年』（前掲）
上田正昭『神道と東アジアの世界――日本の文化とは何か』徳間書店、一九九六年
倉塚曄子『古代の女――神話と権力の淵から』平凡社選書、一九八六年
柳田国男「巫女考」、『郷土研究』一九一三～一九一四年所収（『定本　柳田国男集』第九巻）
加瀬直弥『古代の神社と神職』吉川弘文館、二〇一八年

「宝亀二年二月十二日付太政官符」、『古事類苑』神祇部一、吉川弘文館、一九九五年所収

第四章　貝の道

沢田源八『対州神社誌』(一六八六年)、鈴木棠三『対馬の神道』三一書房、一九七二年所収
谷川健一『甦る海上の道・日本と琉球』文春新書、二〇〇七年
木下尚子『南島貝文化の研究――貝の道の考古学』法政大学出版局、一九九六年
清少納言『枕草子』(十〜十一世紀)、『日本古典文学大系』19、岩波書店、一九五八年所収
藤原明衡『新猿楽記』(平安後期)、『日本思想大系8　古代政治社会思想』岩波書店、一九七九年所収
高梨修「ヤコウガイ交易」、谷川健一編『日琉交易の黎明』森話社、二〇〇八年所収
羽地朝秀編『中山世鑑』(前掲)
折口信夫「琉球国王の出自」(前掲)
木下尚子「古代朝鮮・琉球交流試論――朝鮮半島における紀元一世紀から七世紀の大型巻貝使用製品の考古学的検討」、『青丘学術論集』第18集、財団法人韓国文化研究振興財団、二〇〇一年所収
岡谷公二『神の森　森の神』東京書籍、一九八七年
山口麻太郎「壹岐に於けるヤボサ神の研究」、『國學院雑誌』第四七巻、六・七号、一九四一年所載
鈴木棠三『対馬の神道』(前掲)
小野重朗『神々と信仰　南日本の民俗文化2』第一書房、一九九二年
吉成直樹・福寛美『琉球王国と倭寇』森話社、二〇〇六年
折口信夫「雪の島」(一九二七年)、『折口信夫全集』第三巻(『古代研究』民俗学篇2)、中央公論社、一

九五五年所収
鈴木棠三「ヤブサ考」、『國學院雑誌』第四七巻、十号、一九四一年所載
谷川健一「「琉球国王の出自」をめぐって」、『國學院雑誌』第七九巻、十一号、一九七八年所載（『谷川健一全集』6）
湧上元雄・大城秀子『沖縄の聖地』（前掲）
吉成直樹・福寛美『琉球王国誕生』森話社、二〇〇七年
『李朝実録』（李朝二十五代にわたる実録。戦後学習院大学で縮写影印刊行が行われた）
首里王府編『琉球国由来記』（前掲）
『角川日本地名大辞典47　沖縄県』（前掲）
嵩元政秀・安里嗣淳『日本の古代遺跡47　沖縄』保育社、一九九三年
仲松弥秀『神と村』（前掲）

第五章　済州島

平泉澄『中世に於ける社寺と社会との関係』至文堂、一九二六年（復刻、国書刊行会、一九八二年）
申叔舟『海東諸国紀』（一四七一年）、『海東諸国紀』田中健夫訳註、岩波文庫、一九九一年
司馬遼太郎・上田正昭・金達寿編『日本の渡来文化　座談会』中央公論社、一九七五年（中公文庫、一九八二年）
任東権『韓日民俗文化の比較研究』岩田書院、二〇〇三年
朴桂弘『韓国の村祭り』国書刊行会、一九八二年

金瑛宇『森と韓国文化』金相潤訳、国書刊行会、二〇〇四年
宋錫範『済州島古代文化の謎』成甲書房、一九八四年
岡谷公二『原始の神社をもとめて』平凡社新書、二〇〇九年
文武秉『済州島の堂信仰研究』済州大学校大学院、一九九三年（韓文）
『高麗史』（鄭麟趾らが一四五一年撰進。一三九巻）
湧上元雄『沖縄民俗文化論』（前掲）
『李朝実録』（前掲）
伊波普猷「朝鮮人の漂流記に現れた十五世紀末の南島」（一九二七年）、『をなり神の島』楽浪書院、一九三八年所収（『伊波普猷全集』第五巻）
六反田豊「朝鮮後期済州島漂流民の出身地詐称」、『朝鮮史研究会論文集』40号、竜渓書舎、二〇〇二年所収
金泰能『済州島略史』梁聖宗訳、新幹社、一九八八年
田中健夫「倭寇と東アジア通交圏」、『日本の社会史　第一巻　列島内外の交通と社会』岩波書店、一九八七年所収
韓国文化公報部文化財管理局編『韓国の民俗大系』3、韓国民俗総合調査報告書慶尚南道篇、竹田旦・任東権訳、国書刊行会、一九八九年
崔徳源「堂山木と村落構造との相関関係」、『南道民俗文化』ミルアル社、一九九四年所収（韓文）
済州伝統文化研究所編『済州神堂調査　済州市圏篇』二〇〇八年（韓文）
済州伝統文化研究所編『済州神堂調査　西帰浦市圏篇』二〇〇九年（韓文）
張籌根『韓国の民間信仰——済州島の巫俗と巫歌』金花舎、一九七三年

崔徳源『多島海の堂祭――新安地域を中心に』学文社、一九八三年（韓文）

第六章　新羅の森

金富軾『三国史記』（一一四五年）、『三国史記』1、井上秀雄訳注、平凡社東洋文庫、一九八〇年／『三国史記』3、井上秀雄訳注、平凡社東洋文庫、一九八六年
李基白『韓国古代史論』泊勝美訳、学生社、一九七六年
一然『三国遺事』上、林英樹訳、三一書房、一九七五年
首里王府編『琉球国由来記』（前掲）
朝鮮総督府編『朝鮮巨樹老樹名木誌』朝鮮総督府、一九一九年
金錫亨『古代朝日関係史』朝鮮史研究会訳、勁草書房、一九六九年
岡谷公二『神の森　森の神』（前掲）
宋潤奎『古代日本の渡来勢力』街と暮らし社、二〇〇三年
大和岩雄『日本にあった朝鮮王国』白水社、一九九三年
『豊前国風土記』（逸文）、『日本古典文学大系2　風土記』岩波書店、一九五八年所収
今庄町誌編さん委員会編『福井県今庄町誌』今庄町、一九七九年
『日本書紀』（七二〇年）、『日本古典文学大系67　日本書紀上』岩波書店、一九六七年／『日本古典文学大系68　日本書紀下』岩波書店、一九六五年
大和岩雄「新羅蕃国視について」、『日本のなかの朝鮮文化』29号、朝鮮文化社、一九七六年所収
李春子『神の木』サンライズ出版、二〇一一年

【著者】
岡谷公二（おかや こうじ）
1929年東京生まれ。東京大学文学部卒業。跡見学園女子大学名誉教授。著書に、『柳田国男の青春』（筑摩書房）、『島の精神誌』（思索社）、『神の森 森の神』（東京書籍）、『南の精神誌』（新潮社）、『絵画のなかの熱帯』（平凡社）、『南海漂蕩』（冨山房インターナショナル、和辻哲郎文化賞）、『原始の神社をもとめて』『神社の起源と古代朝鮮』『伊勢と出雲』（いずれも平凡社新書）、『島／南の精神誌』（人文書院）、訳書に、レリス『幻のアフリカ』（共訳）、ルーセル『ロクス・ソルス』（いずれも平凡社ライブラリー）など多数。

平凡社新書９０５

沖縄の聖地 御嶽《うたき》
神社の起源を問う

発行日――2019年2月15日　初版第1刷

著者――岡谷公二
発行者――下中美都
発行所――株式会社平凡社
東京都千代田区神田神保町3-29　〒101-0051
電話　東京（03）3230-6580［編集］
東京（03）3230-6573［営業］
振替　00180-0-29639
印刷・製本―株式会社東京印書館
装幀――菊地信義

ISBN978-4-582-85905-8
NDC分類番号219.9　新書判（17.2cm）　総ページ208
平凡社ホームページ　http://www.heibonsha.co.jp/